EDDA MINCK

Idioten auf zwei Pfoten

Edda Minck

Idioten auf zwei Pfoten

Die Mops-Tagebücher

Goldmann Verlag

Originalausgabe

FSC
Mixed Sources
Product group from well-managed
forests and other controlled sources

Cert no. SA-COC-001819
www.fsc.org
© 1996 Forest Stewardship Council

Verlagsgruppe Random House FSC-DEU-0100
Das FSC-zertifizierte Papier *EOS* für dieses Buch
liefert *Salzer, St. Pölten.*

1. Auflage

Satz: Uhl + Massopust, Aalen
Druck und Bindung: CPI Moravia Books s.r.o., Pohořelice.
Printed in the Czech Republic
ISBN 978-3-442-31235-1

www.goldmann-verlag.de

Für

Amelie-Marie

und

Karl Dario

Der Mops-Code

Aus den lange verschollen geglaubten Mops-Archiven der Kaiserin **Wu Zhao** **(Tang-Dynastie 618–907 n. Chr.)***

Wie es einem »Lo-Chiang-sze« (dtsch. Mops) gelingt, die totale Herrschaft über seinen Menschen zu erlangen und so die Balance zwischen Himmel und Erde zum Besten aller Wesen zu erhalten

1. Stille Duldung jedweder Situation, wie z. B.: Transport in unbequemen Sänften, Spaziergänge im Regen, nicht enden wollende Thronreden, Zeremonien usw.

---

* Leider sind lediglich die schriftlichen Aufzeichnungen erhalten. Das Kompendium der dazugehörigen Abbildungen zerfiel zu Staub, als Wissenschaftler im Jahr 1843 die drei Rollbilder (Malerei und Stickerei auf Seide) aus dem Grab der Kaiserin Wu Zhao, (Tang Dynastie 618–907 n. Chr.) bargen. Bis heute ist kein Beweis für die Existenz einer weiteren Abbildungsserie aufgetaucht. Daher ist es sehr schwierig, aus dem Verhalten eines Mopses, das stark individualisiert und zudem auf die Persönlichkeit seines Menschen abgestimmt ist, eine generalisierte Decodierung vorzunehmen. Möpse gelten nicht zuletzt wegen der Unmöglichkeit der Dechiffrierung des Mops-Codes als unerziehbar.

(Heutzutage spräche man von Autofahrten und Shoppingtouren o. Ä. Anm. d. Übers.)

Der Mensch muss den Eindruck bekommen, der Mops tue alles, um sich seines Menschen Zuneigung zu erhalten, auch wenn ihm ebendies alles abverlangt und sein Mensch die Geduld des Mopses bis aufs Äußerste strapaziert, was ihm dieser aber nicht übel nimmt.

2. Offene Empörung

Wird häufig zu Beginn einer Partnerschaft mit einem Menschen zur Anwendung gelangen, wenn dieser noch nicht so weit ist, sich diszipliniert an den Bedürfnissen eines Mopses zu orientieren.

3. Höfliche Bitte um Beachtung

Kommt zum Einsatz, wenn der Mensch in seiner Konzentration auf das Wohlbefinden seines Mopses zuweilen nachlässt.

4. Höfliche Bitte um Beachtung in Begleitung eines kleinen Hüstelns oder Räusperns

Hier soll unter allen Umständen vermieden werden, dass dieser Blick den Eindruck offener Bettelei erweckt. Ein Mops bettelt nicht! Er macht seinen Menschen lediglich darauf aufmerksam, dass dieser seine Pflichten sträflich vernachlässigt.

5. Offene Ablehnung: Situationen, Nahrungsmittel, Vorhaben etc.

Muss vom Mops mit vehementer und entschlossener Energie vorgetragen werden, um einer unerträglichen Situation ein für alle Mal ein Ende zu setzen. (Während in 2. »Offene Empörung« gezeigt werden soll, dass man bereit ist, zu verzeihen, und dem Menschen eine weitere Chance einräumt, die Übung richtig auszuführen, ist dies das letzte Mittel, einem Menschen schnell, u. U. unter Zufügung von Schmerzen als letztem Ausweg nahezulegen, dass er Gefahr läuft, seinen Mops für immer zu verlieren, wenn er sein Verhalten nicht auf der Stelle ändert.)

6. Gediegene Verzweiflung, gepaart mit leiser Resignation

Hier achtet der Mops darauf, dass er diesen Gesichtsausdruck mit Charme und Witz zeigt. »Egal was der Mensch sich hat zuschulden kommen lassen – der Mops ist weiterhin bereit, ihm beizustehen.« Ein Mensch, der in die Lage versetzt wird, über die Kritik, die der Mops an seinem Verhalten äußert, zu lachen, ist eher bereit, unerwünschtes Verhalten einzustellen.

7. Verständnis für jede Situation und alles, was der Mensch sagt, egal was er sagt

Eine Haltung, die dem Mops zur zweiten Natur werden muss, soll die Partnerschaft mit einem Menschen zu seinem Vorteil ausfallen. Menschen glauben gern, dass ihre

Hunde jedes Wort verstehen. Der Mops muss diese Erwartung noch übertreffen: Nicht nur versteht er alles – er ist auch in der Lage zu antworten, so dass beim Menschen der Eindruck einer echten Konversation entsteht.

(Von Königin Victoria von England ist bekannt, dass sie ihre Thronreden von ihren Möpsen absegnen ließ, bevor sie sie vor dem Parlament verlas. Und auch von Winston Churchill weiß man, dass er politische Fragen mit seinem Mops besprach und er sich von seiner Ehefrau Clementine sogar bereitwillig Pug [dtsch. Mops] rufen ließ. Anm. d. Übers.)

8. Interesse ohne Hintergedanken

Alle Menschen freuen sich, wenn ihrem Dasein, und sei es auch noch so trist und langweilig, Interesse entgegengebracht wird. Der Mops wirkt dort, wo er vom Leben hingestellt wird. Macht er seine Arbeit mit bestem Wissen und Gewissen, kann aus einem relativen Niemand eine große Persönlichkeit erwachsen.

(Siehe Sir Winston Churchill, Valentino, Loriot, Gregor von Rezzori u. v. a. m. Anm. d. Übers.)

8.a. Interesse mit Hintergedanken

Sieht genauso aus, wie 8., da Hintergedanken immer verborgen bleiben müssen. Nur so kann der Mops sicherstellen, dass ein Mensch nicht auf die Idee kommt, von ihm manipuliert zu werden.

9. Fröhliche Zustimmung ohne Hintergedanken
Der Sinn und Zweck muss hier nicht näher erklärt werden, liegt er doch auf offener Pfote. Einem Menschen, dem Zustimmung widerfährt, erhellt sich die Seele, und eine erhellte Seele ist eine friedliche Seele.

9.a. Fröhliche Zustimmung mit Hintergedanken, s. o.

10. Aufmunterung des Menschen zu egal was, Hauptsache, es liegt im Interesse des Mopses
Hier sind der Phantasie des Mopses keine Grenzen gesetzt. Er wird schnell durch Beobachtung herausfinden, auf was sein Mensch »anspringt«, was dieser besonders mag, was ihn motiviert oder worüber er bereit ist zu lachen. Das kann von Schwanzwedeln und Handstand über ein Ständchen bis hin zum Kreistanz alles sein.

11. Bitte um absolute Ruhe und Ungestörtsein
Hierbei ist es wichtig, dem Menschen gegenüber keine brüske Ablehnung zu zeigen, sondern ihn lediglich wissen zu lassen, dass er seinem Mops einen großen Gefallen damit tut, wenn er ihn in Ruhe seinen Geschäften nachgehen lässt, egal ob es sich um ein Nickerchen, das Studium philosophischer Schriften oder die Betrachtung einer sich öffnenden Lotosblüte handelt. Ein Mensch darf diesen Blick niemals als Strafe empfinden, dies würde das Vertrauen in seinen Mops zerrütten.

(Heutzutage betrachten Möpse eher selten sich öffnende

Lotosblüten, sie entwickeln vielmehr ein starkes Interesse an Wissenschafts-, Opern-, Koch- oder Kultursendungen im Fernsehen. Anm. d. Übers.)

11.a. Zerknirschung

Falls dieser relativ unwahrscheinliche Fall eintreten sollte, dass einem Mops ein Missgeschick passiert, hilft nur, dem Menschen gegenüber Zerknirschung zur Schau zu stellen. Dabei haben sich das relativ unanstrengende Kopfhängenlassen und Augenlidersenken bestens bewährt. Ist der Schaden größer, was der Himmel verhüten möge, ziehe man zusätzlich die Ohren bis zum Kinnansatz herunter, um seiner Bitte um Vergebung Nachdruck zu verleihen.

12. Eisen schmelzen und Aufforderung zur Überlassung diverser Nahrungsmittel unter Anwendung der kleinen oder großen Siddhis

(Das Wort »Siddhi« stammt aus der hinduistischen und buddhistischen Tradition und beschreibt die besonderen Fähigkeiten eines meisterhaft Meditierenden. Gemeint sind im vorliegenden Falle vor allem: Telepathie, Hypnose und das Durchschauen der Herzen anderer. Im Allgemeinen zählen z. B.: Gedankenlesen, das Reisen auf Sonnenstrahlen und das Entzünden von Feuer ohne Feuer ebenfalls dazu. Anm. d. Übers.)

Dies ist eine Übung für die Meisterklasse der Möpse. Gut trainierte Artgenossen schaffen es, durch diese stille Art der Manipulation ihres Menschen ganze Spanferkel, die Naschereien der Kaiserin oder vielgängige Menüs zugeteilt zu bekommen. Diese Mopsgroßmeister mögen allen anderen Vorbild und Inspiration sein.

13. Der »Du-willst-es-doch-im-Grunde-genommen-auch«-Blick
13.a. »Tu-es-wenn-kein-anderer-hinsieht«-Blick
13.b »Es-bleibt-unser-Geheimnis«-Blick

Diese drei Variationen sind einzig den Großmeistern unter den Möpsen vorbehalten, die ein Zertifikat über die vorgeschriebene Ausbildung und die bestandene Großmeister-Prüfung vorweisen können. Der Mops braucht hierzu beste Vorbilder, stete Übung und absolute Selbstkontrolle, um alle drei Varianten mit Charme, Anmut und Esprit vorzubringen. Unerfahrene Möpse werden mit ihren Versuchen lediglich erreichen, wie Bettler auszusehen, was, wie oben bereits erwähnt, zu ahnden ist, weil das Ansehen und die Glaubwürdigkeit unserer Rasse Schaden nimmt. Das Ziel der Übung ist es, dem Menschen zu vermitteln, es mit einem Komplizen *(heute würde man sagen: Partner-in-Crime. Anm. d. Übers.)* zu tun zu haben. Hat der Mops diese Virtuosität erreicht, kann er mit seinem Menschen verfahren, wie es ihm beliebt, und ein langes und glückliches Leben ohne Einschränkungen führen.

(Die bearbeitete und aktualisierte Fassung stammt aus der Feder von Prof. Dr. Schröder)

Glossar

Der Ort Vila do Santo Chouriço ist auf keiner mir bekannten Landkarte verzeichnet, obwohl Professor Schröder schwört, dass er genau dort geboren und aufgewachsen ist. Er muss es ja wissen.

Canil Municipal	Hundeasyl
Bacalhau	Stockfisch, port. Nationalgericht
Pelourinho	Marktplatz
Advogado	Anwalt
Jornal de Noticias	Tageszeitung
Atrocidades	Gräuel
Abafamento	Mief
Mijo	Urin

Cão/ Cães	Hund/Hunde Die Jagdhunderasse in den Bergen der Serra da Estrela heißt: Cão da Serra da Estrela
Vai para o caralho!	Schimpfwort
Meu deus	Du liebe Zeit! (Mein Gott!)
Burro	Esel
Bolinho	Frikadelle
Biblioteca Pública	Stadtbücherei

Kapitel 1

13. Juni

Oh, Alfonso, mein Freund. Es ist so finster.

14. Juni

Alfonso, die Stunden vergehen. Ich bin in der Dunkelheit gefangen. Wie tief muss ich gefallen sein, dass die Sonne mich nicht mehr erreicht?

15. Juni

Alfonso, mein Freund. Ich hoffe, dass wenigstens ihr davongekommen seid.

Die Macht des Schicksals hat mich hinter Gittern aufwachen lassen. Kaum dass meine Augen das Unglück geschaut, wünschte ich mir die Finsternis zurück.

Ich sitze nicht im Canil Municipal ein, das wir schon

kennen. Woher ich das weiß? Hier riecht es entsetzlich nach Putzmitteln und Dosenfraß. In *unserem* Canil riecht es nach Todesangst und Durchfall – ausschließlich. Aus unserem Canil wäre ich zudem längst entwichen, glaube mir, da kenne ich jedes Loch im Zaun. Aber dieses hier, dieses ist mir gänzlich fremd, und es gibt auch gar keinen Zaun, es gibt nur Mauern.

Sosehr ich mir auch das Gehirn zermartere, wie es zu dieser Katastrophe kommen konnte, bleibt mir nur die Erinnerung daran, dass irgendetwas bei der Sache mit den Mülltonnen schiefgelaufen sein muss. Du weißt schon – das Festessen am A Traineira, als wir nach dem Nationalfeiertag die Dorfbewohner, tief schlafend und erschöpft von all den Festivitäten, in ihren Betten glaubten.

Das Letzte, woran ich mich erinnern kann, ist Assunta, die taube Nuss. Ein großer Mülleimer voll mit feinstem, eine Nacht gut durchgezogenem, duftendem Bacalhau – ich hatte den Tipp in den Markthallen bekommen, du weißt schon … Niemand hatte den Schatz bis dahin gefunden. Noch nicht einmal die Ratten, und das will was heißen. Und was macht Assunta? Ich sage noch zu ihr, und du hast es bestimmt gehört, »Assunta!«, sage ich, »lass mich das machen.« Aber sie hört ja nicht und springt mit allen Vieren auf den Deckel und kippt das ganze Ding um!

Kein Wunder, dass das halbe Dorf wach geworden ist bei dem Geschepper, das die Mülltonne bei ihrem Weg den Berg hinunter, durch die Rua Peso de Lã gemacht hat. Da lasse ich Assunta einmal den Vorrang! »João, ich bin leichter und habe längere Beine als du …« Und dann das. Ich hoffe, du hast ihr ordentlich Bescheid gegeben. Jetzt haben wir den Salat: Sie haben mich eingebuchtet. Mich! El-Rei Dom João 28., den berühmtesten Mops in den Straßen von Vila do Santo Chouriço, Abkömmling großer Entdecker und Seefahrer, abstammend in einer Linie von El-Rei Dom João 2., der seinerzeit auf der Karavelle des großen Bartolomeu Diaz Afrika umsegelte … Hinter Gittern! Es ist eine Schande für die Möpse dieser Welt!

Keine Sorge, Alfonso, mein getreuer Begleiter und Sekretär – seine Majestät werden sich wieder beruhigen. Wir sind schließlich Abenteuer gewöhnt. Nicht wahr? In so manchen finsteren Zeiten hat der Mops die Fackel der Erleuchtung getragen – ich möchte hier nur an meinen Ururundsoweiter-Ahnen erinnern … Felicio den III., der seinerzeit das Feuer von den Göttern stahl … Und dieser schusselige Prometheus fängt die Fackel, weil er gedacht hat, Felicio spiele mit ihm Stöckchen holen. Aber was rede ich? Das ist alles lang vorbei und fast vergessen.

Ich bin mir sicher, dass meine Inhaftierung ein großes Missverständnis ist, und die Leute hier werden mich schnell wieder freilassen, wenn sie erfahren, wer ich bin. Das Revier um das A Traineira gehört mir. Ich werde das klarstellen! Vertraue mir. In ein paar Tagen sieht die Welt wieder ganz anders aus. Aber ich fürchte, nach dem vermasselten Coup werde ich Assunta, diese taube Bastardin von einem italienischen Windspiel, wohl aus dem Rudel werfen müssen. Mit solchen akrobatischen Faxen kann sie in der Commedia dell'arte auftreten, aber nicht bei uns!

17. Juni

Alfonso, mein Freund. Verlier die Hoffnung nicht. Ich befinde mich zwar noch nicht auf dem Wege der Besserung, ein schweres Fieber hat mich, zusätzlich zu allem anderen, das hier von Übel ist, aufs Lager geworfen. Mit meinem linken Auge stimmt etwas nicht, und ich leide unter unerträglichen Kopfschmerzen. Dreimal am Tag kommt ein Paar Gummistiefel vorbei, in denen die massigen Beine einer Frau stecken. Diese Frau quasselt unverständliches Kauderwelsch, so wie in dem Film, du weißt schon, den wir letzten Sommer im Freiluftkino am Pelourinho gesehen haben. Sie redet wie dieser kleine Mann mit dem hässlichen Schnurrbärtchen, der die Welt beherrschen wollte. Ihre Sprache malträtiert mein Gemüt wie Hammerschläge, hart, in einem fortwährenden Stakkato; ganz anders als unsere Sprache, die sich sanft und rund, geradezu graziös dem Ohr nähert und die Seele umfängt, wie die üppigen Arme einer wohlgestalteten Frau.

Ihre Arme dagegen sind behaart, ihre Hände rissig und geschrubbt bis auf die Knochen. Von diesen Händen wird mir der Fraß in einem Blechnapf hingestellt. Jeden Nachmittag kommt noch ein Mann in einem Kittel, und ohne sich überhaupt bei mir vorzustellen sticht er mich mit einer langen Spritze. Ich habe versucht, ihm verständlich zu machen, dass ich das alles nicht brauche und dass er mich gefälligst wieder auf freien Fuß setzen soll; mit dem furchtbaren Ergebnis, dass sie jetzt zu zweit kommen, um mich zu traktieren. Obwohl ich heftig protestiere, muss ich mich, El-Rei Dom João 28., der brutalen Choreographie ihrer Hände ergeben, werde in unwürdigster Pose auf den stinkenden Boden gedrückt, und dann wird mir das lange, spitze Ding ins Fell gestoßen. Meine Wunde am Auge will auch nicht heilen, kein Wunder, die Menschen haben es zugeklebt. Bis jetzt war bei jeder Verletzung immer noch Luft und Licht die beste Medizin. Warum wissen sie das nicht?

Mein Vater, El-Rei Dom João 27., hatte recht – den Menschen und ihren Machenschaften ist nicht zu trauen. Hinter jedem Bissen, dem sie einem zuwerfen, wartet eine unaussprechliche Folter. Sie locken uns, sie fangen uns, und dann stecken sie uns hinter Gitter – manche von uns wachen eines Tages auf und liegen an schwere Ketten gebunden auf einem Hof, bei Wasser und Brot; sie werden getreten und geschunden, bis sie nicht mehr können – und manche, wie man hört, bekommen irgendwann die Todesspritze. Alfonso, pass auf dich und Assunta auf. Nehmt euch in Acht! Mehr kann ich zurzeit nicht für euch tun. Wir sind nie auf diese Tricks hereingefallen, und wir werden es auch in Zukunft nicht tun. Und glaub mir, ich bin nicht freiwillig mitgegangen. Es war dieser Knall, als wir durch die Rua Peso de Lã gerannt sind. Es klang wie die Büchse eines Jägers. Und dann weiß ich nichts mehr. Das musst du mir glauben, Alfonso. Ich habe euch nicht mutwillig verlassen. Und glaubt bloß nicht, dass ich den Verlockungen der Menschen erlegen bin. Ich hoffe, du hast gesehen, wohin sie mich gebracht haben. Sicherlich bist du längst auf dem Weg hierher, um mir zur Flucht zu verhelfen.

20. Juni

Alfonso, mein Freund, ich habe einen Plan: Ich werde in Hungerstreik treten. Es wird mir nicht schwerfallen, bei diesem Fraß. Heute gab es bis zur Unkenntlichkeit zermatschtes Gemüse und Reis. Stell dir nur vor, es ist mit Wasser verpanscht! Völlig ungenießbar – ohne den Hauch eines Gewürzes. Bei der Frau, die morgens kommt, habe ich ein Brathähnchen von O Torradinho aus der Rua Mateus Fernandes bestellt, aber sie scheint mich nicht zu verstehen und tätschelt mir mit ihren großen Händen auf dem Kopf herum, als wäre ich ein Volltrottel. Kennt sie etwa die beste Hähnchenbraterei von Vila do Santo Chouriço nicht? Und warum erdreistet sie sich, mich ständig anzufassen?

Ich wollte sie beißen, habe sie aber nicht erwischt, weil ich auf dem linken Auge gar nichts mehr sehen kann. Ich versuche ja, das klebrige Zeug abzuziehen, aber es geht nicht. Zu allem Unglück haben sie mir auch noch eine Garotte umgelegt. Die Menschen sind erfinderisch, wenn sie einen quälen wollen – in Ermangelung von ordentlichem Holz, das für dieses Folterinstrument unerlässlich ist, haben sie einen Eimer ohne Boden genommen und an meinem Hals befestigt. Ich sehe nur noch, was direkt vor meiner Nase ist und kann mich nicht einmal mehr um meine Maniküre kümmern. Was soll das?, frage ich dich. Ich kann nur hoffen, dass die Menschen den Spaß an diesem grausamen Ulk verlieren. Ich werde so tun, als würde es mir gar nichts ausmachen … dann verlieren sie vielleicht das Interesse daran.

Ich höre andere Hunde, die herzzerreißend die ganze Nacht ihre Klagen in den Himmel schreien. Sie alle behaupten, es sei ein Missverständnis, das sie hinter Gitter gebracht hat. Aber so argumentieren ja alle, wirst du sagen. Wie oft haben wir einen von uns plötzlich mit einem Halsband um den Hals getroffen, neben einem Mann oder einer Frau hertrottend. Und immer hieß es dann: »Das war ein Missverständnis – ich mach das hier nicht freiwillig.«

Sobald ich einen Weg gefunden habe, Kontakt mit den anderen aufzunehmen, werde ich einen Aufstand anzetteln. Ich suche mir die tapfersten aus, und wir werden gemeinsam ausbrechen. Du kennst meine Qualitäten bei solchen Problemen. Verlass dich auf mich. Wenn ich nur mehr sehen könnte …

Jetzt fühle ich mich etwas matt. Ich muss ruhen. Wer weiß, was diese zweibeinigen Kretins sich noch alles ausdenken, um mich zu foltern? Aber den König der Straßen von Vila do Santo Chouriço kriegt man nicht so schnell klein. Das weißt du.

Bis ich wieder da bin, kann ich euch nur immer wieder raten, euch vor den Menschen und der Meute des Torre fernzuhalten. Ich bin mir fast sicher, dass sie für den Anschlag verantwortlich waren. Irgendjemand hat ihnen verraten, was wir an dem Abend vorhatten, hat ihnen von den prall gefüllten Mülltonnen erzählt, und sie haben uns die Jäger auf den Hals gehetzt. Diese nichtsnutzigen, trotteligen, ungepflegten Cães, eine Schande für die Gemeinde. Demütige räudige Rasse, die sie sind, versuchen sie auf diesem Wege die Stadt zurückzuerobern. Die Abfälle der Jäger und Besucher des Torre reichen ihnen wohl nicht mehr. Ich bitte dich, hör dich unauffällig um, und versuche herauszufinden, wer uns das angetan hat. Versprich mir das.

Warum ist es plötzlich so still? Alfonso, ich muss Schluss machen – hier geht etwas vor … da kommen die Weißkittel … oje … sie sind zu dritt … haben eine Kiste dabei … Alfonso … Ich fürchte, ich brauche einen Advogado!

22. Juni

Trotz des beginnenden Sommers ist mir elendiglich kalt. Das Schlimmste, was passieren konnte, ist passiert, Alfonso. Die Kittel kamen, haben mich gepackt – und dann wurde es dunkel in meinem Kopf.

Irgendwann, geschüttelt von einem furchtbaren Alptraum, wachte ich auf. Ich befand mich im Bauch eines riesigen Vogels, der in rasender Geschwindigkeit in der Luft flog und dabei ein Fauchen und Stöhnen ausstieß, stundenlang, glaube mir. So ohrenbetäubend, als käme das Brüllen direkt aus dem Schlund der Hölle. Ich wollte ja fliehen. Aber die Wände der Kiste, in die sie mich gepfercht hatten, waren stark, und der Eimer-Kragen an meinem Hals machte es mir unmöglich, mich zu bewegen. Ich habe mir die Pfoten blutig gekratzt, und dann muss ich wohl ohnmächtig geworden sein, denn als ich wieder erwachte, war der Alptraum mit dem großen Vogel vorbei. Ich bin in einem neuen Gefängnis. Es riecht sehr anders. Anders als alles, was ich bisher gerochen habe. Wenn ich meiner Nase noch trauen kann, sitzen hier Hunderte Gefangene.

Das Erste, was ich verspürte, kaum war ich erwacht, waren die Schmerzen zwischen meinen Hinterläufen. Du ahnst, was ich dir jetzt zu berichten habe. Oh Gott, Alfonso, was soll nur aus mir und der ehrbaren Linie der Joãos werden, wenn ich die Damen nicht mehr beglücken kann?

Ich liege den ganzen Tag auf einer zerfransten Matte, die nach der Angst von zwanzig anderen riecht, umgeben von dicken Gitterstäben, durch die der Wind pfeift, und sehne den Tod herbei. Aber noch nicht einmal sterben lassen sie einen hier. Sie flößen mir Wasser und Essen ein, sie geben mir Spritzen – ich lasse alles über mich ergehen. Ich bin zu schwach und fiebrig, um mich zu wehren, und noch kann ich die neuen Folterknechte nicht einschätzen. Wer sind sie, und was wollen sie von mir? Werden sie Lösegeldforderungen stellen? Haben sie meine Testiculos an die Stadtverwaltung von Vila do Santo Chouriço geschickt, um ihren Forderungen Nachdruck zu verleihen? Was ist aus eurem König, El-Rei Dom João 28. nur geworden? Ein falsettierender Kastrat … Oh, Alfonso … niemand wird auch nur einen abgenagten Knochen für mich bezahlen … *Wer leidet,* Alfonso, *leidet allein,* sagt Fernando Pessoa. Aber in diesen schweren Stunden ist er mir auch kein Trost. Zu wahr sind seine Worte.

24. Juni

Alfonso, mein Freund, es wird dich freuen zu hören, dass ich wieder zu Kräften komme. Nun, wenn es meine Bestimmung ist, durch dieses Jammertal zu waten, dann sei es. Ich arbeite bereits wieder an einem Fluchtplan und untersuche das Terrain, ein schwieriges Unterfangen, denn immer noch hängt mir dieser Eimer um den Hals. Aber ich habe trotzdem etwas herausgefunden: Dieses Gefängnis ist noch stabiler als das vorherige. Der Boden ist aus Beton und sehr kalt. Graben hat keinen Zweck. Die Gitter sind aus Eisen, und es hängen dicke Schlösser davor.

Ich frage mich: Was wirft man mir vor, dass sie mich in einen Hochsicherheitstrakt gesperrt – womöglich sogar außer Landes gebracht haben? War der Aufenthalt im Bauch des großen Vogels vielleicht doch keine Halluzination? Haben die Menschen mich ihm zum Fraß vorgeworfen, und er hat mich – ungenießbar, wie Möpse nun mal sind – an dieser Stelle wieder ausgespuckt? Oder soll es tatsächlich wahr sein, was die ausländischen Hunde uns erzählt haben? Du weißt doch, die Touristen-Pinkel, die damit prahlen, in einem Flugzeug geflogen zu sein. Ich habe ja immer darüber gelacht, dass sie behauptet haben, sie wären damit gereist. Die Schwachköpfe, habe ich immer gedacht – ein Hund, der fliegt, ist genauso ein Unsinn wie das, was sie sonst noch so zu erzählen hatten: In ihrem Land gäbe es Schulen für Hunde, Friseursalons, Hotels mit Whirlpool und angeblich auch Geschäfte, in denen man Futter und andere Dinge für Hunde kaufen kann. Spielzeug zum Beispiel. Ich bitte dich, Alfonso, wofür braucht ein echter Hund Spielzeug? Ein Hund hat genug andere Dinge zu tun und keine Zeit für Spielzeug! Obwohl – wenn ich mir Assunta so anschaue – sie war immer sehr anfällig für diese Art von Beschäftigung. Das mag wohl an ihrem unberechenbaren italienischen Temperament liegen.

25. Juni

Alfonso, mein Freund, ich bekomme es allmählich mit der Angst zu tun. Heute Morgen paradierte eine Meute verschiedenster Hunde an meiner Zelle vorbei. Sie hatten Lederwürger um ihre Hälse gebunden und gingen an Stricken. Es war wie Dantes Inferno: Sie johlten und riefen, geiferten und schluchzten. Ich habe kein Wort verstanden. Ein großer lehmfarbener, der vorneweg lief, war wie von Sinnen und schrie ein Wort, dessen Bedeutung ich nicht kenne. Es hörte sich so an: Kassi. Er schrie es immer wieder, und dann fielen die anderen mit ein wie ein Gefangenenchor. »Kassi! Kassi! Kassi!« Ich fürchte, Alfonso, dies ist kein normales Gefängnis, sondern eine Irrenanstalt.

Wenn ich nur ihre Sprache verstehen könnte. Wie verloren ist man, wenn man nichts versteht. Dieses »Kassi« hallt in meinen Ohren wider wie eine Drohung. Aber wenn es eine Drohung war, wieso sind sie dann alle so aufgeregt gewesen – beinahe rasend vor Enthusiasmus? Wo wollten sie hin? Der Mensch, der alle Stricke in der Hand hielt, sah, ehrlich gesagt, ganz heiter aus. Ganz so, als würde auch er sich über dieses ›Kassi‹ freuen. Hoffentlich handelt es sich nicht um eine Art Kult, bei dem Hunde geopfert werden!?

Du weißt, dass ich belesen und gebildet bin. Dafür hat mein Vater, El-Rei Dom João 27. gesorgt. Für keinen Mops der Welt gehört es sich, ungebildet zu sein, war sein Credo.

Und dann hat er mir ins Ohr gebissen, wenn ich drohte, über dem Jornal de Noticias einzuschlafen. Ein Mops, der nicht lesen kann, der von seiner Geschichte nichts weiß, ist nur ein Hund wie jeder gewöhnliche Hund. Und so saß ich Stunde um Stunde und lauschte seinen Vorträgen über die Umrundung Afrikas am Cabo da Boa Esperança, die nur dank meines Urahns ein glückliches Ende nahm, weil er sich von Regen und Nebel nicht beeindrucken ließ. Er war es, der im Krähennest Stunde um Stunde ausharrte, allen Widrigkeiten zum Trotz schließlich das Festland entdeckte. Die Schiffsmannschaft hatte zu dem Zeitpunkt längst alle Orientierung und all ihren Mut verloren.

Oder ich lernte die Reime meines berühmten Urgroßvaters, dem Trovador und großen Poeten, Camôes III. auswendig. Aber das ist lange vorbei. Du weißt, ich spreche drei Sprachen und kann die Werke Fernando Pessoas über weite Strecken auswendig hersagen – aber das hier, das gibt mir Rätsel auf.

Ich fürchte, dass ich weit, weit weg von meinem geliebten Portugal und meinem geliebten Vila do Santo Chouriço gestrandet bin. Ich habe schon gehört, dass man unliebsame Herrscher zuweilen des Landes verweist oder für unzurechnungsfähig erklärt – wie diesen seltsamen König auf seinem Schloss, der dann im See ertrunken ist. Meine Großmutter hat oft von ihm erzählt, als Beispiel für einen miserablen Rudelführer. Kein Wunder, in seinem Haushalt gab es keine Möpse, die ihm Anstand und Sitte beigebracht hätten.

Aber warum ich? Ich war immer gut zu euch. Ich wusste immer, wo es was zu holen gab, wo Wasser bereitstand und wo ein guter Schlafplatz zu finden war. Ich habe immer alles gerecht mit euch geteilt.

Mir geht immer und immer wieder durch den Kopf, wie es zu dem Unglück am A Traineira kommen konnte. Weißt du, ich liege jede Nacht lange wach, und dann kommen die Gedanken. Schlimme Gedanken, Alfonso, aber ich muss es wissen: Wenn ich dich jetzt fragen könnte, mein Freund, hast du mich etwa für ein Mittagessen verkauft? Oder war es Assunta, die uns an die Cães des Torre verraten hat?

Könntest du mir in die Augen sehen, wenn ich eine Antwort von dir forderte?

27. Juni

Ach, mein Freund, die Einsamkeit macht seltsame Dinge mit mir. Zuweilen schrecke ich des Nachts auf, weil ich das Poltern der Mülltonne in der Rua Peso de Lã zu hören glaube … und dann fällt der Schuss. Ich öffne die Augen, liege zitternd am Boden und rufe die Sterne an, sie mögen mir endlich eine Antwort geben. Aber da ist niemand, an den ich ein Wort richten kann. Niemand, der mir irgendetwas erklärt. Und die Stunden schleichen dahin, ohne Sinn, nur durchbrochen vom unerträglichen Geheul einiger Insassen, die gänzlich verrückt geworden sind. Wer könnte es ihnen verdenken? Vielleicht ist es sogar ein Akt der Gnade, wenn man den Verstand verliert?

Ich zermartere mir wieder und wieder das Gehirn über das, was passiert sein kann und wie ich hier wieder herauskomme. Aber je mehr ich grübele, desto bewusster wird mir meine verzweifelte Lage. Und dann muss ich mich vor mir selbst bewahren und schelte mich einen Toren. Wie konnte ich an euch, meinem geliebten Rudel, zweifeln? Sind wir nicht immer durch dick und dünn gegangen? Wie viele Kämpfe haben wir Seite an Seite bestanden? Und wie viel Spaß wir hatten. Oh, Alfonso, mir kommen die Tränen. Ich weiß, du hast deinen König noch nie weinen sehen, aber ich kann nicht anders, wenn ich an die Jahre der Freiheit und des Glücks zurückdenke. Und mit einem Schlag ist alles vorbei, mein Freund.

Kannst du dich noch daran erinnern, wie wir einmal den Vanillepudding der alten Dona Clara vom Fensterbrett geholt haben? Die ganze Rua das Portas do Sol war in Aufruhr. Dich hätten sie beinahe noch erwischt … Und das frisch gegrillte Hühnchen vom alten José Duarte de Oliveira, das sein Sohn vom O Torradinho mitgebracht hatte. Der hat Augen gemacht, als es plötzlich weg war – und hinterher hat er überall erzählt, das heiße Ding wäre gackernd vom Teller gesprungen und durch die Tür entwischt, wie im Märchen. Am selben Abend ist er stockbesoffen aus der Bodega geflogen, als die anderen genug von seinen Geschichten hatten. Ein bisschen tat er mir ja leid, der alte José mit seiner großen aschefarbenen Brille und den trüben Augen, der Verrückte mit seinem Privatmuseum für Kugelschreiber, Schlüsselanhänger und Postkarten. Wie viele waren es noch gleich? 22 000 Postkarten und 10 389 Schlüsselanhänger … 8233 Feuerzeuge … 112 000 Kalender … Alfonso, ich bin so müde. Ich werde ein wenig schlafen, und vielleicht träume ich von einem deftigen Arroz de Bacalhau, wie ihn die Wirtin vom A Traineira immer macht. Oje, das erinnert mich an den schrecklichen Abend. Wie es geduftet hat … Die Mülltonne war bis zum Rand voll, weil am Vorabend ausgiebig der Nationalfeiertag zelebriert worden war, und es war so viel übrig geblieben … Cabrito no Churrasco und diese unvergleichlichen Pasteis de Molho, mit Hühnchen gefüllt, eingeweicht in Wasser und Essig … und der Duft von Kurkuma. Was würde ich dafür jetzt geben. Glaube mir, ich würde dem alten José das Brathähnchen ersetzen, dürfte ich nur noch einmal eine Nase voll von dem Duft der Gassen von Vila do Santo Chouriço genießen … Kannst du dich eigentlich daran erinnern, ob Dona Clara an diesem Abend gesungen hat?

Es schüttelt mich durch und durch … Ich darf mich nicht den Träumen überlassen – sie sind die Vorboten des Irreseins und des Todes, hat mein Vater immer gesagt.

Du weißt, ich bin ein Einzelkind, und meine Mutter ist, kaum dass sich meine Augen geöffnet hatten, verschwunden. Wenn Tante Eulalia, die Schwester meines Vaters nicht gewesen wäre … Sie hat dafür gesorgt, dass ich meine Wurzeln nicht vergaß. Ich bin immer noch einer aus dem guten Hause der Joãos aus Vila do Santo Chouriço, denen man nachsagt, dass sie alles sind, aber keine Träumer. Wir geben nicht auf. Niemals. Träumer, hat mein Vater immer gesagt, sterben früh, weil sie, der Fata Morgana eines Knochens entgegenlaufend, vom Bus nach Teixoso erwischt werden. Aber hier ist kein Bus, Alfonso, vor den ich laufen könnte – hier ist gar nichts, außer Beton. Ich könnte gefahrlos Tausende von Brathähnchen zählen, um mich in den Schlaf zu wiegen.

Alfonso, vergesst mich nicht. Ich fürchte, unser Wiedersehen wird noch lange auf sich warten lassen.

28. Juni

Du wirst es nicht glauben, Alfonso, mein Freund, was ich in Erfahrung gebracht habe: Zuerst kam eine Kittel-Frau in meine Zelle und entfernte das Folterinstrument von meinem Hals. Ich konnte es kaum fassen. Dann befreite sie mein Auge von dem klebrigen Zeug. Ich wollte platzen vor Glück, es ihr aber nicht zeigen, und legte mich gleich wieder auf die Matte. Dann ist sie gegangen, ohne mir zu sagen, wie es weitergehen soll. Wenig später öffnete sich plötzlich die Zellentür, und eine englische Beagle-Lady kam herein. Ich habe sie zunächst für eine Spionin gehalten, aber sie war nur eine gelangweilte, verwöhnte Ziege. Trotz meiner Freundlichkeit gab sie nur ein kühles »Good morning« von sich, um sich dann ganz ihrer Fellpflege zu widmen. Aber wer kann schon dem Charme eines El-Rei Dom João auf Dauer widerstehen? Ich sprach sie in ihrer Muttersprache an: »Good morning, Mylady. Wenn ich mich vorstellen darf: Dom João aus Vila do Santo Chouriço, meine Verehrung.«

Sie hob die Augenbrauen und bedachte mich mit einem Blick, den man gewöhnlich für Ungenießbares bereithält, und sagte: »Ich fürchte, das riecht man.«

»Wie meinen, gnädige Frau?«

»Chouriço ... Knoblauchwurst ... Wenn Sie mich jetzt bitte entschuldigen«, sagte sie und zog die Nase kraus.

Ich ließ mich davon nicht beeindrucken und fuhr fort: »Sind Sie des Öfteren hier, wenn ich fragen darf?«

»Es ist nicht mein Stammlokal, wenn Sie das meinen«, sagte sie, wohl in der Hoffnung, das Gespräch damit beendet zu haben. Ich warf alle Vorbehalte über Bord in der Hoffnung, etwas von ihr über diesen Ort in Erfahrung zu bringen, stellte mich diesmal mit meinem vollen Titel vor und berichtete ihr, wie ich, ohne es zu wollen, an diesem Ort gestrandet war. Die Jäger ließ ich aus, um sie nicht unnötig in Angst und Schrecken zu versetzen. Als ich geendet hatte, klapperte sie mit den Wimpern und gähnte, ohne ein Wort des Trostes oder des Mitgefühls hervorzubringen.

Ich gab es auf und rollte mich zusammen. Nach einer

Stunde bleierner Stille sagte sie plötzlich: »Und du weißt noch nicht einmal, wo du bist? Ist das dein Ernst?«

Spotte nur, dachte ich und gab ihr keine Antwort. Sie setzte sich direkt vor mich hin und grinste. »Na gut. Weil ich ein weiches Herz habe... Wir sind in Deutschland, Dom João aus Vila do Santo Chouriço, wie du dich nennst. Hier regieren seit Blondies Zeiten die Schäferhunde, verstehst du. Wer will da schon so was wie dich? Du hast noch nicht mal Papiere oder einen Stammbaum, der beweist, was du bist. Erzählen kann man ja viel. Aber hier wollen sie alles schriftlich. Und dann kommt noch dazu, dass du ihre Sprache nicht sprichst. Worüber beschwerst du dich also, du einäugiges Monster? Du bist vermutlich ein Illegaler. Sei froh, dass du noch lebst.«

»Ich soll nur ein Auge haben?! Mylady belieben zu scherzen.«

»Guckst du nie in den Spiegel? Goodness! Was für ein Kretin von einem Hund.«

Ich strich mir mit der Pfote übers Gesicht. Da war kein Auge mehr – nur noch Fell. Als mir die Kittelfrau die Garotte abgenommen hatte, hatte ich gedacht, jetzt wird sich das Auge erholen. Es wird ein paar Stunden dauern.

Die englische Lady spottete: »Und wie ich sehe, fehlen dir auch noch ein paar andere wichtige Sachen.«

Ich wollte vor ihr nicht wie ein Feigling dastehen, riss mich zusammen, lachte und sagte: »Ach, das... mit dem Auge, das ist nichts. Nur eine alte Kriegsverletzung, wissen Sie, ich stamme aus einem alten Seefahrergeschlecht, haha … Ich habe Sie doch nicht etwa erschreckt? Wir Portugiesen machen gerne solche Witze.«

»Nein, erschreckt nicht. Ich finde deine Attitüde eher lächerlich«, sagte sie. »Du musst keine Spielchen spielen, João. Die Wunde ist eben erst verheilt. Das sieht doch ein Blinder. Oops, das wollte ich jetzt nicht sagen.« Sie kicherte und legte die Vorderpfoten übereinander. »Das liegt daran, dass ich meinen Tee noch nicht hatte. Da bin ich zuweilen unkonzentriert.«

Bevor ich etwas erwidern konnte, hatte sie doch tatsächlich ihren Kopf auf die Pfoten gelegt und war eingeschlafen.

Alfonso, glaube mir, das musste ich erst einmal verdauen. Darüber wurde es später Nachmittag. Zwischenzeitlich wurde das Essen gebracht, aber die englische Lady hat davon nichts angerührt. Sie hat noch nicht mal aufgeschaut, als der Wärter die Näpfe brachte. Mein Hungerstreik war auf der Stelle beendet. Ich habe alles aufgegessen, denn wenn ich bedenke, dass ich nach meiner Flucht, falls sie mir gelingt, noch über 2000 Kilometer zurücklegen muss, wie mir eben klar geworden ist, muss ich ordentlich zulegen, damit ich die Strecke auch schaffe. Ich könnte natürlich auch versuchen, in einen dieser fliegenden Vögel zu gelangen, denn dass die Touristen-Pinkel uns keinen Unsinn erzählt haben, das habe ich jetzt begriffen.

Als es Abend wurde, hatte sich die Beagle-Dame plötzlich wieder bequemt, das Wort an mich zu richten. Nicht sehr freundlich, wie du dir denken kannst. »Iss nicht so viel«, sagte sie. »Du wirst es nicht vertragen und dir den Magen verderben. Es ist nicht so wie der Müll, den du gewöhnt bist.«

Das will ich wohl meinen, dachte ich und sagte: »Was soll ich denn machen? Amêijoas na Cataplana wird hier offensichtlich nicht serviert.«

»Ich meine es nur gut mir dir. Ach, schon viertel vor sieben … Ich werde bestimmt gleich abgeholt. Sie kommen immer gegen viertel vor sieben.«

»Wer?«

»Die Leute, bei denen ich wohne. Manchmal brauche ich eine Auszeit, und dann gehe ich meiner eigenen Wege. Eine aus dem Stall der Buttermere Double Puffin hält man nicht auf.«

»Aha«, sagte ich. »Aufhalten oder nicht, weit scheinst du trotzdem nicht zu kommen mit deiner Auszeit.«

»Das ist Teil des Deals. Aber das verstehst du nicht.«

»Und warum nicht, wenn ich fragen darf?«

»Du bist bestenfalls Straßenqualität – egal wie viele Titel du dir verleihst … El-Rei Dom Dingsbums. Nimm es mir nicht übel, aber du machst dich lächerlich mit deinem Macho-Gehabe.«

Alfonso, was sagst du dazu? Wenn ein João gehen will, dann geht er. Und zwar weit genug weg, dass niemand ihn findet. Ich mache keine Deals. Oder? Was glaubt diese Double Puffin MacMuffin, wer sie ist?!

»Na, du musst es wissen. Scheinst ja die Weisheit mit

Löffeln gefressen zu haben«, sagte ich zu ihr. Die Lady rümpfte die Nase und murmelte mit Verachtung in der Stimme: »Sag ich doch, Macho.«

Und dann schwiegen wir wieder. Nicht lange, denn plötzlich tauchten in Begleitung eines Gefängniswärters ein Mann und eine Frau auf. Quiekend stürzten sie sich auf meine Zellengenossin, die ihnen aber nur arrogant das Hinterteil zeigte. Beide Menschen brabbelten in wildem Kauderwelsch durcheinander, die Frau weinte vor Freude und nannte die Puffin MacMuffin bei ihrem Namen, den sie mir bislang vorenthalten hatte. »Diana«.

Der Mann drohte ihr mit dem Zeigefinger, lächelte aber dabei. Diana wurde von der Frau hochgehoben, feste gedrückt (mir taten schon beim Zugucken die Knochen weh), aber die Hochwohlgeborene ließ es über sich ergehen – wahrscheinlich auch ein Teil von dem, was sie »Deal« nannte – und wurde aus der Zelle getragen. Sie schaute gelangweilt drein und sagte: »Jetzt siehst du, was ich meine. Sieh zu, dass du wieder da hinkommst, wo du hergekommen bist. Zuweilen ist das Personal hier einfach unerträglich.«

Ich schluckte meinen Stolz herunter und fragte: »Bevor du gehst Lady Diana, sag mir bitte noch, was das Wort ›Kassi‹ bedeutet.«

Sie lachte und sagte: »Es heißt Gassi, nicht Kassi. Das sagen sie dir, wenn sie dir erlauben, dein Wasser abzuschlagen. Und wenn sie es sagen, tust du gut daran, ein Freudentänzchen aufzuführen. Das Personal mag das.

Und das hier auch …« Diana schlabberte der Frau mit ihrer langen Zunge übers Gesicht. Strahlend vor Freude konnte sich die Frau kaum noch auf den Beinen halten, als sie die Zelle verließen.

Erlauben zu pinkeln?! Alfonso, in diesem Deutschland ist das Urinieren rationiert! Was denn noch? Und wer will es wagen, El-Rei Dom João zu verbieten, das Bein zu heben, wo auch immer ihm der Sinn danach steht? Bevor ich mich von dem Schreck erholt hatte und diese Diana fragen konnte, ob sie hier die Rüden auch noch zwingen, sich ihres Wassers im Sitzen zu entledigen, war sie mit ihrem Hofstaat schon verschwunden. Der Wärter schaute mich lange an und seufzte. Dann sagte er etwas zu mir, aber ich habe es natürlich nicht verstanden. Es klang so: Klückstack.

Kapitel 2

1. Juli

Alfonso – ich brauche dringender denn je einen Advogado. Seit vorgestern weiß ich, was das Wort »Klückstack« bedeutet. Es bedeutet, dass man an einen x-beliebigen Zweibeiner verscherbelt wird. Von wegen Personal, das einem auf die Nerven geht, wie die angeblich so kluge Lady Diana geprotzt hat. Ich bin verkauft worden! Vor meinem Auge hat Geld den Besitzer gewechselt und ich daraufhin meinen Aufenthaltsort. Und was das Schlimmste war, ich wurde von einem Wärter angeschirrt, als wäre ich ein Kutschenpferd. In aller Herrgottsfrühe! Ich wurde angebunden und musste warten – auf wen oder was wurde mir nicht mitgeteilt, es hätte auch das Erschießungskommando sein können.

Nach einiger Zeit kam eine Frau – ohne Kittel. Sie stellte sich vor mich und guckte mich durch ihre Brille an, als würde sie in der Metzgerei einen Hinterschinken begutachten. Der Wärter und sie haben miteinander diskutiert. Sie hat immer mal wieder Laute von sich gegeben, die nach

Oje-oje klangen, ganz so, als wäre die alte Dona Clara aus Vila do Santo Chouriço sich nicht sicher, ob der Bacalhau gar ist oder nicht. Das Brustgeschirr kniff und scheuerte an meinem Bauch, deswegen habe ich mich kaum bewegt. Noch wusste ich ja nicht, worum es ging – also, dass es um mich ging, war mir schon klar, aber was wollte die Frau? Nun, ich sollte es bald erfahren: Nach einer Weile hat sie genickt und mir über den Kopf gestreichelt. Ich muss wohl ein ziemlich dummes Gesicht gemacht haben, denn plötzlich lachte sie. Der Wärter gab ihr die Leine in die Hand, und dann gingen wir los.

Auf unserem Weg kamen wir an endlos vielen Zellen vorbei. Dieses Gefängnis war größer, als ich gedacht hatte. Mal ging es links herum, dann wieder rechts herum, fast wie in einem Labyrinth. Und denk dir, Alfonso, sie haben dort sogar Katzen eingekerkert. Bösartige, dicke Katzen, die hinter den Gitterstäben lauern und fauchen. Du verstehst sicherlich, dass sich mein Mitleid in Grenzen hielt.

Aber zum ersten Mal sah ich die anderen Hunde in ihren Zellen sitzen. Wenn wir vorbeigingen sprangen sie auf, warfen sich gegen die Gitterstäbe und pöbelten aus Leibeskräften. Ein paar Spanier waren dabei, die konnte ich halbwegs verstehen. Sie wünschten mir die Pest an den Hals.

»Warum du? Warum nicht ich?«, geiferten sie. »Ich bin viel schöner als der da. Nimm mich, Chica! Nimm mich! Komm zurück, Zweibeinerin! Hey, hey, was willst du mit der krummbeinigen Missgeburt?« Und so weiter und so fort. Ich hörte sie noch lange rufen und konnte mir zuerst keinen Reim darauf machen, wieso sie bis zur Heiserkeit darum bettelten, verkauft zu werden. Na ja, vielleicht dachten sie, dass alles besser sei, als eingesperrt zu sein. Mir kam die Idee, dass sie sogar Recht haben könnten. War man erst einmal mit einem dieser dummen Zweibeiner allein, könnte man ihn leichter übertölpeln. Das könnte die Chance zur Flucht sein.

Endlich erreichten wir einen Raum, in dem mehrere Leute herumsaßen. Unter einem Schreibtisch stand eine kleine Hundehütte. Über dem Eingang war ein Schild angebracht, darauf stand: Violetta. Es dauerte auch nicht lange, bis Violetta sich zeigte. Eine rehfarbene, zierliche Hündin mit spitzer Nase und riesigen kohlefarbenen Augen.

»Do you speak English?«, fragte ich sie.

»Alle Sprachen«, antwortete Violetta auf Portugiesisch und baute sich vor mir auf wie ein Wachsoldat. »Dafür bin ich ja hier. It's time to say good bye. Ich bin das Verabschiedungskomitee«, setzte sie nach und fragte dann, ob sie noch etwas für mich tun könnte. »Beschränke dich auf das Wesentliche. Wir haben nicht viel Zeit.«

Ich verzichtete also auf die üblichen Höflichkeitsfloskeln und fragte:

»Kannst du mir sagen, was sie mit mir vorhaben?«

Violetta zog die Augenbrauen hoch, als verstehe sie nicht recht. Dann aber redete sie wie ein Maschinengewehr, als sie mir bestätigte, was ich bereits befürchtet hatte: Die Frau hatte sich entschlossen, mich zu kaufen.

Ich fragte Violetta, ob es eine Möglichkeit zur Flucht gäbe. Sie lachte nur heiser und sagte: »Wozu denn?«

»Das ist doch offensichtlich. Ich brauche keinen Herren, ich bin selber einer!«

»Versteh ich nicht«, sagte sie. »Jeder, der hier rauskommt, ist froh. So einer wie du ist mir noch nicht untergekommen.«

»Ich habe ein Rudel zu Hause. Da, wo ich herkomme, nennen sie mich den König der Straßen! Die warten in Portugal auf meine Rückkehr!«

»Ach, was? Und wo ist dieses Portugal?«, fragte Violetta und gähnte. »Is' ja eigentlich auch egal…«

»Moment, Moment, du sprichst alle Sprachen und weißt gar nicht, woher sie kommen?«

»Naturtalent.«

»Sag mir wenigstens, was ich jetzt tun soll. Ich verstehe doch überhaupt nicht… Bitte!«

Violetta hatte sich schon wieder umgedreht, um in ihre Hütte zu gehen. Über mir raschelte Papier.

»Bitte, noch sind die da oben nicht fertig. Sag doch was…«

Sie hatte ein Einsehen, und wandte sich wieder mir zu. »Du scheinst ja gar nichts zu wissen. Also gut: Die Zweibeiner sind simpel gestrickt. Du wirst es herausfinden. Sie sagen dir, was du tun sollst, und du tust es. Ganz einfach. Dafür gibt's Kost und Logis, hm, und ärztliche Betreuung. Mehr gibt es nicht zu berichten. Im Übrigen ist jetzt Zeit für meinen Schönheitsschlaf. Ich wünsche dir einen angenehmen Aufenthalt in unserem Land.« Mit diesen Worten zog sie sich endgültig in die ihre Hütte zurück.

Die Frau schob indes Geldscheine über den Tisch und nahm meinen Reisepass in Empfang. Damit hatte sie mich in der Hand. Wir wissen ja schließlich, Alfonso, dass die Touristen-Pinkel gesagt haben, dass man ohne Pass nicht über die Grenze kommt. Und wenn *sie* meinen Pass hat, dann kann ich nirgendwo hin.

Sie verabschiedete sich von den Leuten im Raum, zog an der Leine und sagte: »Nadannherrschröderkomm.«

Ich fühlte mich nicht angesprochen, wusste nicht, was tun, und blieb sitzen. Wieder sagte sie: »Herrschröderkomm.«

»Sie meint dich, Schröder, du Trottel«, hörte ich Violetta aus der Hütte grummeln.

Warum nennt sie mich Schröder? Ich heiße nicht Schröder! Und was heißt »komm«?

Und plötzlich, Alfonso, fiel es mir wie Schuppen von den Augen – sie glaubten, ich wäre ein gewisser Herr Schröder. Da lag das ganze Missverständnis!

»Hey, hören Sie zu, Sie haben den Falschen gefangen genommen und verkauft. Ich bin nicht Herr Schröder«, sagte ich. »Bitte, Madame, Sie verwechseln mich mit jemandem. Das bin ich nicht. Ich bin El-Rei Dom João der Achtundzwanzigste aus Vila do Santo Chouriço in Portugal. Hören Sie mir doch mal zu, gnädige Frau!«

Ich sprang an ihr hoch, um meinen Worten Nachdruck zu verleihen, aber sie zog nur energischer an der Leine.

»Jetzt geh schon mit. Sie wird dir nicht den Kopf abreißen. Du heißt, wie sie will, dass du heißt. So ist das eben. Até logo, Schröder.«

»Adeus, Violetta«, stammelte ich und wurde aus dem Haus geschleift.

Wir gingen über einen Weg auf einen Parkplatz zu. Ich sah Bäume und ein Feld vor mir und dachte, jetzt oder nie. Mit einem Riesensatz katapultierte ich mich nach vorn, dann schlug ich einen Haken nach links und einen nach rechts. Aber die Madame stolperte noch nicht einmal, und ich war keinen Meter weiter gekommen, sondern plumpste, von der Leine aufgehalten, auf den Allerwertesten. Alles, was sie sagte war: »Nananaherrschrödernichtsostürmisch.« Dann setzte sie mich in ein kleines, olivenfarbenes Auto, und wir brausten davon. An der nächsten Ampel versuchte ich, aus dem Wagen zu springen, und stieß mir den Kopf an der Fensterscheibe. Madame zog mich auf den Sitz zurück. Ich knurrte. Sie gab mir einen Knuff in die Seite und redete auf mich ein. Alfonso, es klang wie Ratatatata … Ich verstand gar nichts, nur, dass sie immer wieder zwischendurch »Herr Schröder« sagte.

»João«, heulte ich dazwischen. »Ich heiße JOAOOOO!«

»Schröder«, gab sie zur Antwort.

»Nein, João!«

»JaHerrSchröderwirsindgleichzuhause.«

»Nein, João, El-Rei Dom João, der Achtundzwanzigste. Nachfahre von Seefahrern und Entdeckern, geboren in der großen Nation Portugal. Wann begreifen Sie das endlich?!«

»JetztberuhigedichdochmalkleinerHundespassiertdirjanix«, plapperte sie und schaltete das Radio ein. Ich gab es auf und guckte aus dem Fenster – und, Alfonso, wir fuhren in eine so riesige Stadt, wie wir sie nie zuvor in unserem ganzen Leben gesehen haben. Es muss so ähnlich sein wie dieses Rom, von dem Assunta immer erzählt. Autos brausten in beängstigender Geschwindigkeit an uns vorbei, aber der Madame schien es nichts auszumachen. Die Straße, auf der wir fuhren, hatte drei Spuren. Drei!, die Madame willens war ausnutzen. Sie kurvte mit ihrer kleinen Kiste mal rechts, mal links. Es gab jede Menge Ampeln und riesige Busse, Lastwagen so groß wie Häuser, und Menschen, Menschen, Menschen.

Alfonso, du kannst dir nicht vorstellen, wie groß mein Schrecken war. Hohe Häuser, so hoch, dass sie den Himmel berührten; sie klebten aneinander, ohne eine Lücke für einen Baum zu lassen. Straßen, Straßen, Straßen, endloser Asphalt, und dazwischen immer wieder Artgenossen, die an Leinen gefesselt von Menschen hinter ihnen hergezogen wurden. Alle Rassen – du machst dir keinen Begriff. Ich schwöre. Die Bilder rasten am Fenster vorbei, und in meinem Kopf wirbelte alles durcheinander. Das war mehr, als ich mit einem Auge fassen konnte.

Auf mich drang eine Kakophonie von Gebrause und Gehämmer, Rufen und dazu die Musik aus dem Radio ein. Alfonso, ich fürchte, ich werde nie wieder in meinem ganzen Leben eine Grille zirpen hören.

Als der Wagen endlich anhielt und der Motor erstarb,

waren meine Nerven aufs Äußerste gespannt. Die Frau hob mich aus dem Auto, und dann gingen wir auf ein aschefarbenes Haus zu. Alle Häuser in dieser Straße sind so. Keine Mosaike, keine Bilder oder Muster an den Wänden, und zum ersten Mal bemerkte ich, dass die Sonne hier auch nicht vernünftig scheint. Sie ist schwach. Alfonso, so habe ich die Sonne noch nie erlebt. Schreckt sie etwa vor den tristen Häusern zurück, die allesamt aussehen, wie nur ein einziges Haus in Vila do Santo Chouriço aussieht – das Haus des Abdeckers?

Mir schlotterten die Knie, als Madame mich an der Tür absetzte. Mir, dem großen Mops-König von Vila do Santo Chouriço, sank das Herz in die Hose. Bitte erzähle es niemandem, vor allem nicht Assunta, aber als wir den Hausflur betraten, dachte ich, es ginge zur Schlachtbank. Spotte nicht, mein Freund, dir wäre es ebenso gegangen.

Es war so finster in dem Haus, dass Madame am helllichten Tag das Licht anmachen musste. Ich roch das Miasma einer großen, kohlefarbenen Hündin, die zu viel Dosenfutter frisst. Wir gingen ein paar Stufen hinauf, dann standen wir vor einer weiteren Tür. Die Frau schloss auf, und wir gingen in die Wohnung. Sie zog ihren Mantel aus. Hinter mir klappte die Wohnungstür zu, und ich hatte den Moment zur Flucht verpasst. Zu geschockt und erschöpft war ich von all den Eindrücken, die in der letzten Stunde auf mich niedergeprasselt waren.

Während Madame ihre Handtasche abstellte, schnüffelte ich als Erstes den Boden ab. Als ich nichts Gefährliches feststellen konnte, wagte ich einen Blick in das angrenzende Zimmer zur Linken. Es war eine Küche, und ich war erleichtert. Wenn Madame kocht, dann wird es endlich was Ordentliches zu essen geben. Kaum war mir wieder etwas wohler zumute, da schob sie mich in ein großes Zimmer auf der anderen Seite der Diele. Ich stand plötzlich vor einem Weidenkorb, in dem eine Decke lag. Madame sah mich an, streckte den Arm aus und sagte: »SchrödergehindeinKörbchen.«

Ich hätte beim Anblick eines singenden Cão nicht verwirrter sein können. Das soll mein Schlafplatz sein?, dachte ich und drehte mich angewidert um. Eine zitronenfarbene Decke! Alfonso, Zitronenfarbe steht mir doch gar nicht.

Sie führte mich in die Küche. Dort füllte sie einen Napf mit Wasser und stellte ihn vor mich hin.

»Brathähnchen, wenn Sie so gut sein wollen«, sagte ich höflich. »Mit scharfer Sauce, wenn Sie die dahaben. Mir knurrt der Magen.«

Die Frau guckte mich ratlos an und zuckte die Schultern. Um sie nicht zu verärgern, trank ich einen Schluck Wasser. Vielleicht gehörte das Anbieten von Wasser zu den Ritualen der Gastfreundschaft in diesem Land, dachte ich. Und richtig, sie lächelte und sagte mit freundlicher Stimme: »FeinSchrödileckerWasser«, und hakte die Leine aus dem Geschirr. In dem Moment schrillte im großen Zimmer ein Telefon, und sie ließ mich allein.

Während sie redete und redete, inspizierte ich die Wohnung. Das Badezimmer war ziemlich klein, und es interessierte mich weniger. Wie du weißt, Alfonso, hasse ich Wasser. Das Geplantsche ist was für die dummen Cães. Die werfen sich in jede Pfütze, die sie finden können – auch wenn keine Enten drin schwimmen. Ein Mops dagegen ist selbstreinigend – ein großer evolutionärer Fortschritt, dass wir ständig so viele Haare verlieren, dass gar kein Schmutz an unserem Fell haften bleiben kann.

Endlich fand ich, wonach ich gesucht hatte – die meinem Rang entsprechende Schlafstatt befand sich in einem weiteren Raum, dessen Tür nur angelehnt war. Ich legte mich in die weichen fliederfarbenen Decken, zog mir ein Kissen heran und schlief auf der Stelle ein.

Aber, Alfonso, mein Glück währte nicht lange, denn eben träumte ich noch vom alten José Duarte de Oliveira, besser gesagt, von seinem Kühlschrank, der mit dem defekten Schloss, du weißt schon ... der reinste Selbstbedienungsladen ... da flog ich in hohem Bogen durch die Luft und landete unsanft auf dem Bauch. Diese Frau ist grausam, Alfonso. Sehr, sehr grausam. Sie scheuchte mich ins große Zimmer. Dort wies sie mit ausgestreckter Hand auf die Zitronendecke.

»Was fällt Ihnen überhaupt ein, meine Träume zu stören?«, knurrte ich und wollte gleich wieder zurück zu meinem Schlafplatz, aber sie packte mich am Schlafittchen und setzte mich auf die Decke.

»Also hören Sie mal! Wie können Sie es wagen, El-Rei Dom ...«

Ich kam gar nicht dazu, den Satz zu Ende zu sprechen, denn sie hob drohend den Finger und sagte: »Schröder-gehindeinKörbchenaberZacko!«

»Nein«, knurrte ich zurück. »Eu quero ir a essa cama! Bett! Verstehen Sie, Gnädigste, ich meine *dieses* Bett!« Ich versuchte, mich an ihr vorbeizuquetschen, stieß mir aber nur den Kopf an ihrem Schienbein.

»InsKörbchen.«

»Bett!«

»Körbchen!UndjeschnellerdudaskapierstdestowenigerÄrgerwerdenwirhaben.«

»Bett!«

»Schröder!«

Ich wollte aus dem Korb springen, aber sie packte mich, und wieder landete ich auf der Decke. »Ich verstehe nicht, warum Sie das Bett ganz für sich alleine beanspruchen, gnädige Frau – da passen wir beide bequem hinein; da hätte sogar mein ganzes Rudel aus Vila do Santo Chouriço Platz.«

»Körbchenundbleib«, sagte sie mit Nachruck, ging hinaus und zog die Tür hinter sich zu.

Meu deus! Die traut sich was, Alfonso. Nur zwei Beine, kaum Nasenfunktion und ein Benehmen wie der Großinquisitor.

7. Juli

Schrecken, Schrecken, Schrecken. Alfonso. Atrocidades, wo man geht und steht.

Dreimal am Tag erfahre ich nun das zweifelhafte Vergnügen des Gassi-Rituals. Madame zerrt mich hinaus auf die Straße, und dann laufen wir ewig lange über stinkenden Asphalt, über Trottoirs, auf denen Scherben liegen und man seiner Pfoten nicht sicher ist. Die Autos brausen zu Hunderten an uns vorbei und verpesten die Luft, dass mich die Nase juckt und ich am liebsten nicht mehr atmen möchte. Busse und Lastwagen schießen fauchend und grummelnd dahin. Gestern habe ich das vor Entsetzen verzerrte Gesicht eines Kollegen in einem der Ungetüme gesehen. Seine Nase klebte an der Scheibe, und in seinen Augen stand die nackte Angst. Ich hoffe, Madame kommt nie auf die Idee, mich der Tortur einer Busfahrt auszusetzen. Mir reicht es schon, wie sie Auto fährt. Dagegen ist diese Mafalda Souza, ich meine die vom Käseladen im Centro Commercial auf dem Torre, ein Waisenkind, sage ich dir.

Ich warte nur darauf, dass wir in einem Straßengraben landen, weil die gnädige Frau wieder nur eine Hand am Steuer hat. Mafalda raucht wenigstens nicht, wenn sie mit ihrem Käsetransporter durch die engen Gassen von Vila do Santo Chouriço jagt. Sie hat es nur mit der Hupe, aber da weiß man wenigstens, dass sie unterwegs ist und die Wahrscheinlichkeit groß, dass in der nächsten Kurve ein Käselaib von der offenen Ladefläche geschleudert wird.

Aber zurück zu diesem Moloch, in dem ich Unglücklicher gestrandet bin. Abgesehen von all der Hektik und dem Lärm gibt es noch etwas viel Schrecklicheres an diesem Ort. Der größte Schrecken von allen wohnt unter der Erde. Vermutlich handelt es sich um eine lindwurmähnliche Bestie, die nach Blut schreit.

Das Vieh faucht und rasselt wie eine Klapperschlange und rast mit großer Geschwindigkeit, vermutlich auf der Jagd nach Beute, unter der Erde herum. Der Boden, auf dem wir stehen, der Asphalt und das Trottoir vibrieren, und ich kann das Ungeheuer deutlich hören. Es brüllt wie ein hungriger Löwe, nur viel, viel lauter und beängstigender. Am Tag ist es schon schlimm, aber am Abend und in der Nacht ist es unerträglich. Nur zwischen halb zwei und fünf Uhr in der Früh gibt das Biest endlich Ruhe. Ich hoffe immer, dass es nicht wiederkehrt, aber bis jetzt wurden meine Gebete nicht erhört.

Es gibt einen großen Platz in der Nähe, auf dem ein Markt stattfindet. Aber stell ihn dir bitte nicht so schön wie unseren Pelourinho vor. Es gibt noch nicht einmal ganze Schweineköpfe zu kaufen, nur zerhacktes Zeug. Ich gebe zu, es riecht alles ganz appetitlich – aber man sieht keine großen Schinken oder Lammschenkel am Stück. Auch hielt meine Nase vergeblich nach dem tröstlichen Duft von Bacalhau Ausschau.

Auf dem Platz steht das Rathaus, jedenfalls glaub ich, dass es das Rathaus ist. Wie alle anderen Häuser ist es aschefarben, aber sehr, sehr groß mit sehr vielen Fenstern und einem Balkon, von dem aus vermutlich der Bürgermeister einmal im Jahr seinen Untertanen zuwinkt. Die Menschen schlendern dort seelenruhig zwischen den Ständen umher, während unter ihnen lebensgefährliche Dinge vor sich gehen. Ich habe versucht, Madame darauf aufmerksam zu machen. Keinen Schritt wollte ich weitergehen, gelähmt von der Vorstellung, im nächsten Augenblick könne sich die Erde auftun, das Monster herausfahren und mich verschlingen. »WasistdennlosSchröder?«, hat sie gefragt. Ich konnte vor Entsetzen nur den Kopf schütteln und blieb platt auf dem Boden liegen.

Sie hat mich wieder auf meine vier Beine gestellt und dann weitergezogen bis zum nächsten Verkaufsstand. Und du kannst dir nicht ausmalen, wie groß mein Entsetzen war, als wir uns einem riesigen Loch mitten auf dem Marktplatz näherten. Ich konnte die Bestie dort unten ganz deutlich hören, aber stell dir nur vor, es gab Menschen, die mit ihren Einkäufen in großen Körben und Taschen direkt in dieses Loch hineingingen! Ob sie ausgewählt worden waren, das Ungeheuer zu füttern? Mir schlotterten die Knie vor Angst, dass Madame die Hühnerbeine, die sie eben gekauft hatte, nicht in ihr Haus, sondern in die Erde tragen würde. Den Verlust des Hühnchens, dachte ich, würde ich verschmerzen, wenn ich nur nicht mitmüsste. Aber Gott sei Dank drehte sie kurz vor dem gähnenden Abgrund ab, kaufte an einem Stand, der nur halb so groß wie der von Mafalda ist, ein Stück Käse, und wir gingen in die andere Richtung davon.

Eben dem Tod im Rachen des Ungeheuers entkommen, fiel ich, kaum dass die Wohnungstür sich hinter uns geschlossen hatte, entkräftet auf die Zitronendecke. Glaube mir, wenn du erschöpft genug bist, findest du dich mit allem ab. Ich träumte davon, wie Madame die Hühnerschenkel mit Knoblauch spicken und mit grobem Salz abreiben würde. Das gäbe auf dem Grill eine herrlich nussige Note. Schon im Traum lief mir das Wasser im Munde zusammen. Meine Phantasie schlug Purzelbäume, und ich sah Rosmarin und Salbei – und über allem schwebte ein Hauch von Lavendel. Kaum schlug ich die Augen auf, wusste ich, dass ich nicht alles geträumt hatte, denn aus der Küche zog tatsächlich ein herrlicher Duft heran.

Voller Vorfreude habe ich mich an den Tisch begeben, aber die gnädige Frau hat mich keines Blickes gewürdigt und alles alleine aufgegessen. Denk dir nur Alfonso, es half noch nicht einmal mein Welpengesicht. Hast du es je erlebt, dass meine tiefgestellten Ohren und der leicht zur Seite geneigte Kopf nicht die gewünschte Wirkung erzielt hätten? Dona Clara hatte regelmäßig Tränen in den Augen, wenn sie mich so gesehen hat, und dann waren alle Puddingdiebstähle verziehen. Aber diese Madame hat ein Herz aus Stahl. Bissen um Bissen verschwand in ihrem Mund, und mir hat sie noch nicht einmal einen Knochen hingeworfen. Meine mir angeborene Würde als Mops und König verbot es mir, mich winselnd auf den Boden zu werfen, und so habe ich mich unbemerkt ins andere Zimmer zurückgezogen. Wenig später rief sie nach mir.

Ich wollte ein Exempel statuieren und gab vor, taub zu sein. Wusste ich doch, dass mich wieder nichts anderes erwarten würde als erdfarbene Brocken gepresster Pappe in einem Blechnapf. Sie rief noch zweimal, aber ich blieb stur. Dann schloss ich aus den Geräuschen aus der Küche, dass sie den Blechnapf wieder aufs Regal stellte. Sie haben es erkannt, Madame – das Zeug schmeckt heute Abend genauso wenig wie jetzt. Da möchte ich die kulinarische Katastrophe gerne noch ein paar Stunden hinausschieben.

Was ich dir über dieses Gassigehen erzählt habe, stimmt tatsächlich. Nun, ich würde als kultiviertes Wesen niemals dort, wo ich schlafe, mein Geschäft verrichten, aber Madame bestimmt, wo ich mein Wasser abschlagen kann. Nie darf ich dorthin gehen, wo es gut riecht. Lady Diana hatte Recht – die Menschen reglementieren einfach alles. Kaum habe ich mal einen Baum gefunden, wo ich wichtige Neuigkeiten erfahren könnte, da zieht sie mich schon weiter und weiter. Wie soll ich wissen, wo Gefahren lauern, wenn ich die Nachrichten auf CNN* nicht lesen darf? Wir könnten in unser Verderben rennen, wenn wir nicht wissen, wer vor uns auf dem Weg ist. Derlei Dinge scheinen sie aber nicht zu interessieren. Sie tut immer so, als wisse sie, wo sie hinwill. Ich sage dir, Alfonso, das wird eines Tages noch übel ausgehen.

---

* *Canis News Network*

Jetzt steht Madame schon wieder mit der Leine in der Hand an der Tür und macht Geräusche. Es klingt ungefähr so: JakommSchrödiKleinerwirmacheneinenSpaziergang. Sie freut sich immer so, wenn sie raus darf. Hoffentlich gehen wir nicht wieder in diesen großen Park mit den schrecklichen Hunden. Es gibt dort eine Bulldogge. Ich sage dir, Alfonso, die ist gefährlich. So einen Brocken hast du noch nie gesehen. Er trägt ein Lederhalsband doppelt so breit wie Oliveiras Gürtel um den Hals, darauf steht in glänzenden Buchstaben sein Name: Armani. Alle Hunde machen einen großen Bogen um ihn.

Wünsch mir Glück, dass ich heile wiederkomme. Und bitte, kümmere dich um einen Advogado. Ohne rechtlichen Beistand werde ich niemandem erklären können, dass sie mich mit diesem Herrn Schröder, was auch immer er angestellt haben mag, verwechseln.

12. Juli

Heute Vormittag, Alfonso, brachte der Postbote ein dickes Couvert. Endlich, dachte ich, der Auslieferungsantrag gestellt und unterschrieben von unserer Regierung, die selbstverständlich nicht dulden kann, dass ein wertvoller Bürger ihres Landes einfach so ins Ausland verschleppt wird. Madame öffnete den Umschlag und entnahm ihm einen kleinen Beutel. Sie kniete sich vor mich hin und befestigte eine Plakette an meinem Halsband.

Dann streichelte sie mir über den Kopf und sagte feierlich: »DasistdeineHundemarke. DubistjetzteinSteuerzahlerSchröder. Angemeldetundversichert. Klückwunsch.«

Meu deus! Hat unsere Regierung den Verstand verloren? Wozu schicken sie einen Orden für mich?

13. Juli

Alfonso, mein Freund, warum meldest du dich nicht bei mir? Welches Schicksal hat dich ereilt? Ich vermisse dich und Assunta, und ich vergehe vor Sorge um euer Wohlergehen. Ihr habt doch nicht etwa schon einen Neuen zu eurem Rudelführer ernannt?

Ich gebe zu, noch habe ich keinen richtigen Plan, wie ich aus dieser Situation wieder herauskommen soll. Noch bin ich dabei, Madame und alles um mich herum genauestens zu beobachten. Ich muss erst das Terrain sondieren, um überhaupt zu wissen, in welche Richtung ich rennen soll, wenn sich eine Fluchtmöglichkeit ergibt. Ich bin durch die vielen Häuser und Straßen und auch dadurch, dass ich nicht immer die Sonne sehen kann, etwas unsicher, in welcher Richtung Portugal nun liegt. Aber als Nachfahre gestandener Seefahrer werde ich auch das noch herausbekommen.

Bis jetzt lässt Madame mich nicht von der Leine. Aber ich darf die Hoffnung nicht aufgeben, denn im Park habe ich Hunde gesehen, die frei herumlaufen dürfen. Aber anstatt sofort das Weite zu suchen, trotten sie folgsam hinter ihren Herren her. Und immer dieses Bällchenwerfen! Madame hat auch einen und tanzt damit vor mir herum, aber ich kümmere mich nicht um sie. Wenn sie spielen will, muss sie einen anderen fragen. Auch versucht sie, mich dazu zu bringen, auf den Hinterbeinen zu stehen oder mich auf Kommando hinzusetzen und hinzulegen. Madame scheint ein großes Vergnügen daran zu haben, solche Sachen mit mir zu machen. Diese Zweibeiner sind auf eine gefährliche Art und Weise infantil. »Sitz«, »Platz«, »Bleib«, »Stopp«, »Hopp«! Bin ich ein Zirkuspferd? Falls ja, möchte ich für die Aufführung solch unnötigen Firlefanzes entsprechend entschädigt werden. Den Rest des Tages belästigt sie mich mit Wortsalat. Er fällt aus ihrem Mund, wo sie geht und steht. Woher soll ich da wissen, was sie von mir will? Alfonso, es ist, als wäre man gezwungen, aus einer chinesischen Buchstabensuppe die Werke Pessoas zu extrahieren.

In den vergangenen Tagen habe ich immer wieder versucht, mit den anderen Hunden Kontakt aufzunehmen, aber sie sind arrogant und völlig von sich eingenommen. Kaum sagte ich »Bom dia!«, rümpften sie die Nase und gingen weiter, ohne zu grüßen. Mittlerweile mache ich mir einen Spaß daraus, sie schon von weitem mit einem markigen »Vai para o caralho!« zu bedenken. Sie verstehen es ja sowieso nicht. Ebenso wenig wie die gnädige Frau, aber es scheint ihr trotzdem nicht zu gefallen, denn sie schimpft dann mit mir in ihrer üblichen Art: »Schrödiwassolldenndas?KannstdunichtdieKlappehalten! Aus!«

Die anderen Hunde lachen mich aus. Ein paar rufen mir »TreckicheerAusländer« hinterher. Noch weiß ich nicht, was das Wort bedeutet, aber ich werde es herausfinden, glaub mir.

Du siehst, Alfonso, die Reviergänge wachsen sich zu einem regelrechten Spießrutenlauf aus. Ich weiß gar nicht, warum sie mich immer wieder in den Park schleppt. Wir könnten doch woandershin gehen und gucken, ob wir nicht ein paar leckere Brathähnchen finden, oder Fisch. Es wird doch hier irgendwo ein Fischrestaurant mit einer verheißungsvollen Mülltonne geben?! Aber nein, es muss immer der Park sein. Bis jetzt haben wir dort noch keine Beute gemacht. Ich weiß nicht, warum wir da noch hingehen. Aber wer versteht schon die Menschen?

14. Juli

Du fragst dich bestimmt, Alfonso, was die Madame so den ganzen Tag treibt. Die Menschen müssen immer irgendwas machen, das wissen wir ja. Sie können nicht in der Sonne dösen, so wie wir. Irgendwas mit ihnen stimmt nicht. Du weißt, dass es für die Möpse dieser Welt über Generationen hinweg zur edelsten Aufgabe gehört herauszufinden, wie wir den Menschen den Frieden bringen könnten. Trotz unserer hohen Intelligenz und immer wiederkehrender Rückschläge, die einzig und allein auf die Ignoranz der Zweibeiner zurückzuführen sind, sind wir festen Willens, dem Menschengeschlecht beizubringen, wie man richtig lebt.

Die Leute in Vila do Santo Chouriço gehen ja noch gemäßigt mit dem Tag um, aber hier, in diesem Deutschland, scheinen sie alle nur wild durcheinanderzurennen. Die Menschen haben verschlossene Gesichter. Nirgendwo vor den Häusern stehen Bänke, wo man sich zu einem Schwätzchen hinsetzen kann. Und wenn man Bänke sieht, dann stehen sie an strategisch uninteressanten Orten und sind aus kalten Metallrohren, auf die man sich nicht setzen mag, weil man sich die Hämorrhoiden holt, und für unsereinen sind sie schon gar nicht geschaffen, weil die Pfoten keinen Halt finden. So kann doch keine Muße entstehen. Stell dir nur vor, Pessoa hätte auf diesen Bänken sitzen müssen – nie hätte er all diese klugen Gedanken gehabt. Wer kann sich denn ohne Wärme und Bequemlichkeit den großen Fragen des irdischen Daseins widmen? Wenn einem der Hintern kalt wird, ist doch schon jeder Ansatz einer Philosophie für die Katz. Geschweige denn, man könnte sich seinem eigenen Gemüt und seinem persönlichen, geistigen Fortkommen widmen. Gedanken mögen keine Eile, Alfonso. Weisheit braucht Zeit, um zu reifen, und vor allem schätzt es die Weisheit, wenn der Geist sich an derselben Stelle befindet wie der Allerwerteste. Wir wissen das. Die Menschen wissen es nicht.

In Ermangelung von Sitzgelegenheiten rennen sie also durch die Straßen, irgendeinem ominösen Ziel entgegen; und wenn sie das nicht tun, dann rasen sie mit ihren Autos umher oder sitzen im Bus. Entweder ist also der Hintern an einer Stelle, aber der Geist wandert herum, oder umgekehrt. Das ist doch die Hölle.

Nun, ich muss sagen, meine Madame ist da etwas anders. In ihrem Leben gibt es nicht so viel Gerenne, also schöpfe ich Hoffnung, eines Tages doch noch bis zu ihr durchzudringen.

Nach unserem Morgenspaziergang durch den unvermeidlichen Park und dem Besuch beim alten Mann im Tabakladen (der ist nicht halb so interessant wie der Laden vom alten Oliveira) trinkt sie daheim Kaffee, isst ihr Brot, von dem sie mir nichts abgibt, und dann setzt sie sich an eine Kiste, die einen hohen, surrenden Pfeifton von sich gibt. Du weißt schon, die Menschen nennen es Computer. Der Enkel vom alten Oliveira hat auch so einen, und Oliveira hat Dona Clara mal erklärt, dass man damit mit der ganzen Welt in Kontakt treten kann. Er war mächtig stolz auf seinen Enkel, der sich mit der ganzen Welt unterhält, dabei habe ich gesehen, dass er die meiste Zeit damit verbringt, nackte Frauen anzuschauen. Meine Madame guckt sich keine nackten Menschen an, sie produziert Buchstaben mit ihrem Computer, während das Ding vor sich hin surrt. Mir tut das in den Ohren weh, aber sie scheint es nicht zu hören. Das erhärtet meinen Verdacht, dass es weder mit ihrer Nase noch mit ihrem Gehör zum Besten steht. Stundenlang starrt sie auf die Kiste und klappert mit den Fingern auf einem Brett herum. Manchmal guckt sie auch ganz lange in die Luft, um dann umso heftiger auf das Brett einzuhämmern. Das macht sie so lange, bis es Nachmittag ist, und dann gehen wir wieder hinaus auf die Straße. Manchmal trifft sie jemanden, mit dem sie sich unterhält. Ein paar von den Leuten, denen wir begegnen, beugen sich zu mir hinunter, streicheln, sich ihrer peinlichen Distanzlosigkeit nicht im Mindesten bewusst, meinen Kopf und zeigen mit dem Finger auf die Stelle, wo mein Auge fehlt. Dann machen sie immer besorgte Gesichter. Wenn sie mir zu nahe auf den Pelz rücken, knurre ich, und die Madame verabschiedet sich schnell.

Nach Hause zurückgekehrt, gibt es für mich die unvermeidliche Presspappe mit Wurstgeruch, und sie setzt sich wieder an die surrende Kiste. Wenn das jeden Tag so weitergeht, werde ich an Verwirrung, hervorgerufen von dem Geräusch, sterben, und sie auch, weil es gar keinen Sinn ergibt, sich mit der ganzen Welt zu unterhalten, wenn man dauernd ein Pfeifen im Ohr hat. Es wäre besser, sie würde sich mit mir unterhalten, wenn sie schon nichts anderes zu tun hat. Denn während der Computer surrt, kann ich mich nicht konzentrieren. »Madame«, sage ich zu ihr, »gehen wir doch an die frische Luft oder in ein gemütliches Café. Mit der surrenden Kiste werden Sie es auch nicht schaffen, Ihren Kopf mit Ihrem Hintern in Einklang zu bringen. Pessoa hat zeit seines Lebens im Caféhaus gearbeitet und mit der Hand auf Papier geschrieben – und sein Erfolg gibt ihm Recht. Bitte, Madame, draußen scheint die Sonne. Schauen Sie mal, ich falle andauernd auf die Seite.«

Ich werfe mich in der Küche auf den Boden – gebe ein Bild äußerster Not, und sie guckt einfach durch mich durch. Irgendwann bin ich es dann leid und verkrieche mich in der Küche unter einem Stuhl und halte mir die Ohren zu, was mein Leben auf Fressen, Schlafen und Gassi gehen reduziert. Draußen im Park gibt es wenig bis gar nichts zu finden, das sich lohnt, aufgehoben zu werden. Die Mülltonnen in dieser Stadt sind unglaublich groß und fest verschlossen – ich hätte nicht gedacht, dass man so geizig sein kann, seine Abfälle anderen Not leidenden Kreaturen nicht zur Verfügung zu stellen. Aber was will man von einem Land erwarten, in dem die Menschen sogar kleine Beutel mit sich führen, um die Hinterlassenschaften unserer Verdauung aufzusammeln? Ja, Alfonso, so ist das hier. Auch meine Madame ist so eine Beutelfrau.

Ich verstehe nicht, wieso sie so versessen darauf ist, mich in ihrer Wohnung zu haben, wenn sie sowieso nichts mit mir teilen will: Bett, Essen, Hobby? Nada.

Wir wären doch beide besser dran, wenn jeder seiner Wege gehen würde. Zumal ich gar kein Haus brauche. Vielleicht muss ich erst diesen Herrn Schröder finden, für den sie mich hält, damit sie versteht, dass sie den Falschen haben? Und ich trage jetzt auch noch den Orden, der offensichtlich gar nicht für mich bestimmt war, sondern für diesen ominösen Schröder.

19. Juli

Das schlägt dem Fass den Boden aus, Alfonso! Madame setzte mich heute Vormittag ins Auto, und wir fuhren auf einer großen Straße, ohne dass sie mich in Kenntnis setzte, wohin es gehen sollte. Nicht lange, dann standen wir vor einem Haus. Aus dem dort angebrachten Schild, auf dem ein Äskulapstab zu sehen war, schloss ich, dass es sich wohl um einen Arzt handeln musste. Aber nicht die Madame war die Patientin, sondern ich, wie ich bald erfahren sollte. Eine freundlich lächelnde Kittel-Frau hat zunächst mit einschmeichelnder Stimme auf mich eingeredet. Nun, dachte ich, so große Sorgen mache ich mir um meine Madame nicht. Sie müssen mich nicht trösten. Tun Sie, was Sie tun müssen, und dann können wir wieder gehen. Sie hielt mir einen unglaublich gut duftenden Keks hin, und zack! wurde ich von ihrer Assistentin, die sich bis dahin diskret im Hintergrund aufgehalten hatte, auf einen Metalltisch gehoben. Man rammte mir einen Stock in den Hintern, riss meine Kiefer auseinander, polkte in meinen Ohren herum, und dann wurde der Stock wieder herausgeholt, und die Damen begutachteten, was die Wünschelrute ihnen über meinen Darm zu berichten hatte. Bevor ich etwas zu meiner Verteidigung vorbringen konnte, war die Spritze schon in meiner Pfote. Alfonso – ich fiel um, gefällt wie ein Baum. Bevor ich das Bewusstsein verlor, hörte ich von nebenan einen Artgenossen hämisch lachen.

Als ich aufwachte, fehlte mir ein Zahn! Seitdem tut mir der Oberkiefer weh, und ich fühle mich wie ein alter Mann. Ich bin wackelig auf den Beinen und sehe alles wie durch einen Nebel, und ich schmecke Blut in meinem Maul. Habe ich mich je über den Zahn beklagt? Nein! Was fällt diesen Idioten auf zwei Pfoten eigentlich noch alles ein?! Was ihnen an der Natur nicht passt, wird einfach abgeschnitten. Wo soll das hinführen, wenn ich mal fragen darf? Kaum bin ich ihnen in die Hände gefallen, dezimieren sich meine Körperteile. Und warum? Weil diese Kretins annehmen, ich bräuchte sie nicht? Ich brauche sie sehr wohl – der Zahn war faul, aber ich konnte noch drauf kauen, und mein Auge, ich schwöre, wäre von allein wieder geheilt – und über meine Testiculos will ich mal gar nicht reden!

20. Juli

Heute gab es etwas aus der Dose zu fressen, das nach Huhn roch. Wohlgemerkt, es roch nach Huhn, aber noch nicht mal nach Brathähnchen, und geschmeckt hat es nach nichts. Keine Gewürze, keine Kräuter, keine Röstaromen. Am liebsten hätte ich Madame alles vor die Füße gespuckt. Aber ich war so entsetzlich hungrig, weil ich das harte Pappe-Frühstück wegen der Zahnlücke verschmäht hatte, also habe ich es gegessen, während sie sich ein gegrilltes Kalbskotelett gegönnt hat. Ich kann es bald nicht mehr ertragen, dass sie immer alles alleine aufisst und sich aufführt wie der Boss der Bosse. Sie hat nicht im Geringsten die dazu nötigen Qualitäten. Sorgt sie etwa für angemessene Nahrung? Nahrung, die ich bevorzuge? Nein. Bewegt sie sich und spricht sie wie ein Rudelführer? Nein. Sie zetert herum, wenn ich die Nachrichtenbäume aufsuchen will oder quatscht stundenlang ins Telefon. Meistens hört es sich so an, als beklage sie sich über irgendwas – und dann, anstatt das Revier zu beobachten und die Grenzen zu sichern, zum Bespiel gegen diese stinkende Hündin, die mehrmals täglich durch den Hausflur paradiert wie die Gräfin Koks und Beschimpfungen knurrt, wenn sie an unserer Tür vorbeikommt, setzt sie sich wieder an ihre surrende Kiste. Und wenn ich der Stänkerin vor unserer Wohnungstür die Meinung sage, nämlich, dass sie ihren Hintern aus meinem Revier schieben soll, dann sagt Madame in sehr scharfem Ton: »Ausundabindeinkörbchensitzundbleib!«, was wohl bedeuten soll, dass ich die Klappe zu halten habe. Die weiß doch gar nichts! Ich glaube, ich muss mal klarstellen, wer hier der Herr im Hause ist. Vor allen Dingen, bevor sie mir noch was wegschneiden lässt. Könnte ja sein, dass ihr plötzlich einfällt, dass ihr meine Rute nicht mehr gefällt, oder meine Ohren!

Wäre ja noch schöner, wenn ich, Dom João, vor einem Menschen zu Kreuze kriechen würde. Ab morgen gehört mir das Sofa, und ab übermorgen das Bett! Und dann zeige ich ihr mal die richtig interessanten Stellen im Park, und wenn mir diese Bulldogge noch einmal so einen schrägen Blick zuwirft, dann werden die Pfoten fliegen. Verlass dich drauf. Einen aus der Familie der Joãos guckt man nicht ungestraft von der Seite an! Vermutlich hat dieser Armani noch nie von meinem Urgroßvater Camôes III., dem Trovador gehört, der diese unvergesslichen Zeilen über die wahren Helden der Welt in einer Vollmondnacht in den Himmel sang:

»Oh, Mops aus Lusitanien, dem großen Land von güldner Pracht
Die Völker aller Welt Dir huldigen, Und jeder einen Diener macht.
Vor Deinen Pfoten sollen sie sich beugen – und von Deiner Kühnheit zeugen.

In blut'gen Schlachten unbesiegt bis heute, verteidigt Volk und Vaterland
Ein Herz aus Gold voran der Meute, Mein Schicksal leg ich gern in seine Hand.
Und drohte auch der Untergang der Welt – Wohl dem, der eines Mopses Pfote hält …«

Warum macht sie jetzt so ein komisches Geräusch? Warum zischt sie mich an? Die Mops-Hymne meines Urgroßvaters ist noch lange nicht zu Ende! Sie hat noch zwölf weitere, heroische Strophen, die ich gerne noch singen würde. Ich gebe zu, die Eleganz eines Pessoa hat er nicht erreicht. Aber mir wärmt es das Herz.

Oje, sie droht mit dem Zeigefinger. Was hab ich denn getan?!

Diese Kunstbanausin hat keinen Sinn für Dichtung. Das hätte ich mir denken können, Alfonso. Kein Bacalhau – keine Kultur.

Kapitel 3

2. August

Mein lieber Freund, Alfonso. Du glaubst nicht, was das Schicksal mir in die Hände gespielt hat – ein Wörterbuch. Und Madame benutzt es gar nicht. Ich habe es entdeckt, als sie ein paar Stunden lang unterwegs war und mich allein im Haus zurückließ. Ich habe zur Freude der Nachbarn, die sich nach der fünften Strophe vor dem Küchenfenster versammelt hatten, Camôes' Hymne auf den Mops gesungen und mich am Klang unserer Sprache und nicht zuletzt auch an den Versen meines Urgroßvaters berauscht. Danach fühlte ich mich wesentlich besser, und da ich sonst nichts zu tun hatte, die Tür zum Schlafzimmer hatte die Madame leider verschlossen, habe ich mich ein bisschen umgeschaut. Die Gnädige hat viele Bücher – aber sie besitzt nicht eines der Werke Fernando Pessoas. Wie kann man das überleben?, frage ich dich. Ohne eine Zeile unseres portugiesischen Genies in ihrem Bücherregal ist doch alles andere Makulatur. Bis auf das Oxford Dictionary. In meiner Situation ein Werk von unschätzbarem Wert.

Was ich als Erstes übersetzte, war die Schmähung, die mir die Artgenossen im Park immer an den Kopf werfen. »Ausländer«. Und kaum hatte ich es gedruckt vor mir, dass sie mich, bösartig wie sie sind, Estrangeiro schimpfen, packte mich die Wut. Wie sagte mein Vater Dom João, 27. immer? Das Wissen ist die Macht der Möpse – und vor allem die Tatsache, dass die Zweibeiner gar keine Vorstellung davon haben, *was* wir alles wissen.

Denen werde ich es zeigen, Alfonso, ich nutze jede Sekunde, die Madame mich allein lässt, für meine Sprachforschung und bin schon beim Buchstaben P. Du kennst meine außerordentliche Merkfähigkeit. Ich werde täglich besser darin zu verstehen, was die Menschen sagen. Es kommt darauf an, aus ihren Bandwurmsätzen die wirklich wichtigen Dinge herauszufiltern. Manchmal weiß man ja nicht, wann ein Wort aufhört und das nächste anfängt. Seltsamerweise meinen sie, weil ich ein Ausländer bin, müssten sie immer sehr laut sprechen. Dabei sollten sie doch wissen, dass mein Gehör zwei- bis viermal so gut ist wie das ihrige. Und vor allem sollten sie wissen, dass der Gehalt der Sprache nicht automatisch zunimmt, je lauter man sie spricht. Ein »Neinschröderlassdasliegenpfuikommhersitz« hat weder laut noch leise gesprochen einen Sinn.

Und was die Hunde mir erst an den Kopf werfen … Entsetzlich vulgär. Noch spreche ich nicht in dieser harten Sprache, aber der Tag wird kommen, Alfonso – die werden sich wundern! Vor allem meine Madame, die weder die Begabung zum Chef noch zum Gefolgsmann hat. Entschuldige, dass ich an dieser Stelle schon wieder meinen geliebten Pessoa zitieren muss, aber es ist wahr. Der eine wie der andere sollte wissen, welchen Platz er in der Welt einzunehmen gedenkt. Aber Madame weiß gar nichts. Mal will sie dies, dann will sie wieder jenes. Mal darf ich aufs Sofa, mal nicht. Mal darf ich vorne im Auto sitzen, mal nicht. Dann soll ich sitzen, dann soll ich liegen, dann soll ich hinter ihr herlaufen, dann soll ich vor ihr herlaufen. Ja, Himmel noch mal, was denn nun?

Meine Studien sind der Grund dafür, das wirst du verstehen, dass ich nicht dazu kam, mich bei dir zu melden. Ich muss so viel wie möglich über dieses Land, das Leben hier und die Verhaltensweisen lernen. Alfonso, die erste Pflicht des Deportierten ist zu überleben. Und dafür werde ich sorgen. Ich habe in dieser Angelegenheit nach reiflicher Überlegung völlig umgedacht. Offener Widerstand wird vermutlich nicht zum Erfolg führen, wie man am Ausgang einiger Revolutionen ablesen kann. Ich dachte über das Potential eines modifizierten Gandhi nach, und seitdem sieht meine Strategie Folgendes vor: Ich werde es genauso machen wie Geiseln – du ahnst bereits, was ich meine – ein Stockholm-Syndrom. Nur werde ich mich keinesfalls unterordnen, ich werde nur so tun als ob, als stünde ich auf der Seite meines Entführers, also auf der Seite von Madame in diesem Fall. Ich lerne weiter ihre Sprache, wiege sie in Sicherheit, was auch den Vorteil hat, einige Bequemlichkeiten zu erringen, und eines Tages dann, wenn sie glaubt, sie hätte mich in der Hand, wenn sie glaubt, mir vertrauen zu können, wenn sie glaubt, ich würde ihren Befehlen Folge leisten, dann, Alfonso, dann wird sie mich von der Leine lassen … und dann bin ich weg.

Bis dahin nutze ich jede Gelegenheit zur Vorbereitung meiner Flucht. Ich werde mir sämtliche Wege merken, die aus der Stadt hinausführen, und ich werde Vorräte anlegen für den Tag X. Und wozu brauche ich einen Pass? Ich glaube nicht, dass ein Flugzeug das Mittel der Wahl ist, das mich in meine Heimat zurückbringen wird. Zu viele Menschen. Du verstehst?

Du musst dir keine Sorgen machen, Alfonso, sie wird es nicht durchschauen. So klug ist sie nicht. Woher ich das weiß? Sie sieht zu viel fern. Aber nicht die Nachrichten und Dokumentationen, wie mein Vater es immer empfahl. Die gnädige Frau kleistert sich das Hirn mit amerikanischen Serien zu. Aber sie mag, ganz im Gegensatz zur alten Dona Clara, keine Schnulzen – Madame guckt Anwaltsserien und sogar eine, in der ein sympathischer Serienmörder die Hauptfigur ist. Jede Folge ein Blutbad, so dass mein Jagdtrieb sicht regt, sag ich dir, obwohl man als kluger Mops genau weiß, dass im Fernsehen nichts echt ist. Madame gruselt sich auch furchtbar, und dann kann sie nicht schlafen und geistert die halbe Nacht durch die Wohnung. Ich würde lieber mit meinen Studien fortfahren, muss aber so tun, als schliefe ich, um sie nicht misstrauisch zu machen. Das Gute an den Menschen ist, dass sie so ein schlechtes Gehör haben und normalerweise die Angewohnheit durchzuschlafen. Bei Madame ist es sogar so, dass sie morgens sehr lange braucht, um wach zu werden. Ein nicht enden wollendes Ritual von Kaffeetrinken und Zigarettenrauchen und in Zeitungen herumblättern, bis wir endlich hinausgehen, und ich meine Geschäfte erledigen kann. Aber ich folge meinem Plan – ich tue ab jetzt nichts mehr, was sie verärgern könnte. Ich umschmeichle sie und lulle sie ein. Ich sage sogar nichts mehr, wenn die Stänkerin an der Tür vorbeigeht und versucht, mich zu provozieren. Jetzt kann ich ja verstehen, was sie sagt. Einwanderer, Fremdling und Ausländer raus! – das sagt sie. Und noch viel schlimmere Sachen, die hier wohl zum Dialekt gehören: »Verpiss dich.« Das hat sie gesagt. Sind wir jemals so grob mit den Touristen-Pinkeln umgegangen? Nein. Bei uns zählt die Gastfreundschaft, sonst wäre Assunta jämmerlich verhungert, nachdem sie sich verirrt hatte. Ich habe sie aufgenommen und dafür gesorgt, dass sie nicht in der Gosse landet. Aber hier sind sie alles andere als mitfühlend.

Gestern habe ich an der Tür gelauert, bis die Stänkerin vorbeikam, und dann habe ich ganz leise in ihrer Sprache gesagt: »Verpissen Sie sich Ihnen selbst.« Da hat sie ein Geschrei angefangen, dass ihr Besitzer, übrigens ein kleiner, auch nicht sehr gut riechender Mann, ihr mit der Leine übers Fell gezogen ist. Ja, habe ich gedacht, da siehst du es, du Teufelin. Dom João kann auch anders. Ich bin ein Mops von echtem Schrot und Korn. Ich muss mir gar nichts gefallen lassen. Als Madame zur Tür kam, um nachzusehen, was da für ein Radau im Hausflur ist, habe ich sie aus meinem verbliebenen Auge sehr traurig und sehr unschuldig angesehen und bin brav ins Körbchen getrottet. Und was hat sie gemacht? Ja, Alfonso, da sagt die gnädige Frau doch tatsächlich: »Brav Herr Schröder, meine kleine Pelzwurst. Du darfst heute mit ins Paradies.«

Pelzwurst? Paradies? Wo soll das denn sein? Ich dachte, das wäre ein schlechter Scherz, und sollte, wie eigentlich immer, Recht behalten. Wir gingen um ein paar Ecken und dann über die große Straße, und da war es dann, was sie das »Paradies« nannte. Aber was soll ich sagen? Wenn das der Garten Eden sein soll, wie sieht dann erst die Hölle aus?

Das Erste, was mir ins Auge fiel, war eine riesige Abteilung, ach, was sag ich? – endlose Regalmeter mit Dosenfutter. Hochgestapelt bis unter die Decke. Dann folgte Kiste an Kiste mit getrockneter Rinderlunge, Schweineohren, Hühnermägen und was du dir nicht alles vorstellen kannst. Sie haben alles getrocknet! Was soll das für einen Sinn haben, frage ich dich? Es geht doch wohl nichts über rohes Fleisch – oder wenn schon nicht roh, dann doch wenigstens appetitlich angerichtet – zum Beispiel ein ordentliches Alcatra mit Knoblauch und Gewürznelken. So kann ich mir eine Kalbshaxe durchaus vorstellen, aber doch nicht getrocknet! Oder ein Cabrito Assado mit Maronen und Speck… oh, Alfonso, ich muss aufhören, an zuhause und an die Küche vom A Traineira zu denken. Es macht mich nur wehmütig – und eine ausgewachsene Saudade ist das Letzte, was ich mir im Augenblick leisten kann.

Aber zurück zum Thema – Madame missdeutete meinen Gesichtsausdruck als Zustimmung, den ich allerdings, im Angesicht all dieser missbrauchten Nahrungsmittel und dem grässlichen Gestank, der von ihnen ausging, bestenfalls als leer bezeichnen möchte. Ich war zutiefst schockiert, aber meine Strategie des simulierten Wohlwollens zwang mich dazu, ihr den Spaß nicht zu verderben und Contenance im Angesicht all dieser Kalamitäten zu bewahren. Sie warf enthusiastisch ein paar getrocknete Schweineohren in eine Tüte. Dann legte sie noch ein paar Dosen, auf deren Etiketten Bilder von glücklichen Hunden zu sehen waren, an die Kasse. Ich versuchte zu lesen, was mich zuhause erwarten würde – konnte aber nur das Wort Reis entziffern. Reis mit was?

»Reis mit Truthahn«, piepste plötzlich eine dünne Stimme neben mir. Ich drehte mich um und sah vor mir eine recht ansehnlich zu nennende Yorkshire-Hündin. Ihr hing, wie bei vielen Exemplaren dieser Rasse, die Zunge aus dem Maul. Sie trug eine Hochsteckfrisur, die von einer himbeerfarbenen Schleife gehalten wurde, und tippelte nervös von einem Bein auf das andere.

»Wer hat Sie denn gefragt? Glauben Sie, ich kann nicht lesen?«, sagte ich zu ihr.

»Warum denn gleich so garstig, Zyklop? Im Paradies wird man doch nicht meckern. Ich heiße übrigens Fluse.«

»Schöner Name«, sagte ich, der reinen Höflichkeit halber, denn mir war nicht ganz klar, warum man einen Hund nach einem Schmutzpartikel benennt. Ob sie wohl nicht stubenrein und so zu ihrem Namen gekommen war?

»Danke«, sagte sie kichernd. »Ich heiße wie eine Teppichfaser. Weil ich so klein und süß bin.« Sie warf ihren Kopf in den Nacken und lachte neckisch.

»Was ist denn hier so paradiesisch?«, fragte ich sie.

»Das ist der Supermarkt, in den wir Hunde mitgehen dürfen. In die Menschensupermärkte dürfen wir nicht rein. Na, und all dieses Futter hier! Guck dir mal die vielen Sorten an. Sie haben alles, was man haben will. Bist du etwa blind? Guck dich doch mal um«, sagte sie und riss die Augen auf.

»Keine Sorge, das hab ich schon. Ich sehe mit einem Auge noch sehr gut. Aber alles, was ich sehe, ist Müll – getrocknet, in Dosen, zermanscht, zerkleinert, verdorben auf jede erdenkliche Art und Weise. Ich kann mich beinahe glücklich schätzen, dank meines eingeschränkten Gesichtsfeldes, nicht dem ganzen Ausmaß der Katastrophe ausgesetzt zu sein. Gibt es hier nichts Ordentliches? Ich will ein ordentliches Brathähnchen aus der Rua Mateus Fernandes. Und keinen getrockneten Schweinkram, der übel riecht. Wer bestimmt denn hier überhaupt darüber, was man haben wollen darf?«

»Was?« Sie schüttelte sich, denn vermutlich hatte ich irgendetwas Falsches gesagt.

»Entschuldigung«, piepste sie. »Ich sehe schon, du bist noch nicht lange da. Bestimmt ein Ausländer. Ich weiß nur eins, Brathähnchen sind gefährlich, es zerreißt einem den Darm, wegen der spitzen Knochen, weißt du.«

»Sehe ich etwa aus, als hätte ich was Spitzes im Darm? Ich weiß, was ich essen kann und was nicht – und betonharte Pappe mit Wurstgeruch gehört definitiv nicht dazu.« Ich schnaubte, und mein Nackenfell sträubte sich bei dem Gedanken, die Zweibeiner mal wieder durchschaut zu haben. Die erzählen also herum, dass man von Brathähnchen krank wird, weil sie nichts abgeben wollen – und diese dummen Hunde fallen auch noch drauf rein, anstatt es auf einen Versuch ankommen zu lassen!

Ich war wohl etwas heftig geworden, Alfonso, du kennst mich ja – wenn es ums Essen geht, vergesse ich meine gute Kinderstube, na ja, jedenfalls … Fluse wich vor mir zurück, als hätte ich nach ihr geschnappt.

»Entschuldigen Sie, meine Liebe«, sagte ich sofort. »Ich wollte nicht grob sein, aber das alles hier ist von Menschen gemachtes Blendwerk. Sie behaupten, dass es gut für uns ist, aber das da, in den Dosen, ist alles Müll. Abfall. Unrat. Mein Vater Dom João, der Siebenundzwanzigste, hat mich immer davor gewarnt. Er hat gesagt: ›Iss das, was die Menschen essen – sie sorgen für gewöhnlich gut für sich selbst.‹«

»Schon gut, du musst dich nicht aufregen. Ich kenne das

von anderen Zugereisten. Ihr habt es echt mit dem Essen. Aber egal – auch du wirst eines Tages den Vorteil von ausgewogenen Mahlzeiten sehen. Gelenkschonend, gegen Übergewicht, bei Nieren- und Magenproblemen.«

»Ich leide an nichts von alledem. Meine Gelenke sind elastisch, und mein Magen ist stabil. Weil ich weiß, was gut für mich ist.«

Fluse kratzte sich mit der Hinterpfote am Ohr, als wolle sie sich die Wahrheit, die ich soeben ausgesprochen hatte, aus dem Gehörgang entfernen. »Schon in der Spielzeugabteilung gewesen?«, wechselte sie abrupt das Thema.

Ein paar Regale weiter quietschte es, und eine Frauenstimme rief ihren Namen. Fluse rannte auf der Stelle los, ohne sich von mir zu verabschieden. Ein paar Sekunden später sah ich, wie sie wie von Sinnen eine Plastikkugel verfolgte, in der ein Glöckchen rotierte und heftig bimmelte.

»Fluse«, rief ich. »Fluse! Können wir nicht … ?«

»Das ist Bällchen … spielen … Bällchen … spielen … Bällchen …«

Fluses Besitzerin rannte hinter ihr her und jauchzte vor Vergnügen: »Sie findet das toll«, rief sie dem Mann an der Kasse zu. »Wir nehmen es. Ach, ist das Plüschkörbchen mittlerweile angekommen? Und das Bürstenset, das ich bestellt hatte? Meine Fluse möchte doch süß aussehen, nicht wahr? Wo ist denn meine kleine Fluse? Wo ist sie denn … ja, wo ist sie denn …?«

Die Frau musste nicht lange suchen, denn ›ihre Fluse‹

raste in entgegengesetzter Richtung bereits wieder den Gang hinauf. Ihre Augen standen hervor, und ich konnte ihren pfeifenden Atem hören. Sie war kurz davor zu kollabieren, aber immer noch brabbelte sie wie von Sinnen: »Bällchen … Bällchen … spielen … Bällchen … spielen …«

Um mich von dem Spektakel abzulenken, suchte ich zwischen den Regalen nach meiner Madame. Fluses Psalmodiererei erinnerte mich an dieses Gassi, Gassi …, das ich im Gefängnis gehört hatte. Es machte mich auf der Stelle traurig, Alfonso. So, wie mit den Leuten in diesem Land irgendetwas nicht stimmt, so hat sich die Neurose auch auf ihre Tiere übertragen. Als hätte eine Art Infektion stattgefunden, die zu einer schweren Deformation führte. Hatte der Mensch dadurch, dass er von den Hunden Besitz ergriffen hatte, im wahrsten Sinne des Wortes, Besessene aus ihnen gemacht? Fluse schien im besten Damenalter, sie sollte mit mir flirten, weißt du … ein gutes Gespräch bei einem Schluck Wasser, vielleicht Adressen austauschen. Aber stattdessen rennt sie brabbelnd und sabbernd wie ein Baby hinter einer Plastikkugel her? Wusste sie denn gar nicht, dass man Plastik nicht essen kann? Und falls man es doch tut, dann erwartet einen ein richtiges Darmgrimmen. Kein Vergleich mit dem kleinen Unwohlsein, das sich zuweilen nach dem Genuss von einem oder zwei Brathähnchen einstellt.

Als ich wieder aufschaute, guckte ich in die ratlosen Augen meiner Madame. Sie hielt mir ein Stück Strick mit einem Knoten in der Mitte hin und rief: »Schrödi! Na?!«

Schrödi?! Was soll das denn jetzt. Eben war ich noch Herr Schröder oder Pelzwurst, und jetzt?

»Schrödi, komm spielen.«

»Also, Madame! Hören Sie doch bitte auf, mich zu infantilisieren!«

Sie wedelte mit dem Ding vor meiner Nase herum. Ich setzte mich in Richtung Ausgang ab. Schließlich war zu befürchten, dass ich, sollte ich mich auf diesen Knoten einlassen, genauso enden würde wie diese Yorkshire-Dame. Knoten … Knoten … Knoten … Nicht auszudenken!

Madame sagte enttäuscht: »Na, dann nicht, Herr Schröder.«

»Er muss es erst noch lernen«, antwortete der Mann hinter der Kasse. »Die meisten von diesen Südländern können gar nicht spielen, wer weiß, wie er aufgewachsen ist?«

»Ja«, mischte sich Fluses Chefin ein, »die müssen sich erstmal an das gute Leben gewöhnen. Aber gerettete Tierheimhunde, vor allem die aus dem Süden, sind so dankbare Tiere.«

DANKBAR!? Alfonso, was faseln diese Menschen? Ich und dankbar? Wofür? Und du, alberner Mann mit der Mütze auf dem Kopf, du weißt tatsächlich nicht, mit wem du es zu tun hast, sonst würdest du hier keine vergammelten Schweineohren und getrocknete Eselspenisse anbieten! Zeig mir einen Zweibeiner, der auf vertrocknetem Ochsenziemer herumkaut, und ich lasse mich eines Besseren belehren.

Dies, Alfonso mein Freund sagte ich nicht laut. Ich dachte es mir – aber ich bemerkte zusehends, wie mir die Galle dabei anschwoll. Ich spürte einen regelrechten Wutanfall nahen, atmete schwer und starrte durch das Schaufenster nach draußen. Für heute hatte ich genug vom Paradies gesehen, wenn du mich fragst. In so ein Paradies will ich nicht. Lieber lass ich mich von den Cães bei lebendigem Leib zerreißen, als zu einem Besessenen zu werden, wie diese Fluse oder wie dieser Border-Collie im Park, ich glaube, sein Name ist Sam, der wie ein Irrer hinter dem Schleuderball herläuft, ohne Unterlass und bis zum Umfallen, völlig ohne Verstand und völlig sinnlos. Wenn sein Herr den Ball immer wieder wegwirft, wird er ihn wohl nicht mehr haben wollen, was bringt der blöde Hund den immer zurück?

»Herr Schröder«, hörte ich die Stimme der Madame, »heute gibt es Truthahn mit Reis.«

»Verschonen Sie mich bitte«, sagte ich und war froh, als sie endlich die Tür aufschob. Du glaubst es nicht, Alfonso, Fluse brabbelte immer noch, als wir hinausgingen, und ich bedauerte bereits, so viel von ihrer Sprache zu verstehen.

»Ist ein Unwissender am Ende doch besser dran – er könnte, wenn er wollte, zu allem lächeln, ohne je um sein Schicksal zu wissen.«

Dass Fernando Pessoa auch in diesem Falle Recht hatte, hätte mein Vater, der große El-Rei Dom João, 27. bestimmt nicht für möglich gehalten.

4. August

Alfonso, ich glaube, wenn das so weitergeht, dann platzt mir die Galle. Sie hatte heute Morgen ein großes Sandwich mit luftgetrockneter italienischer Salami. Und ich, um überhaupt irgendwas zwischen die Zähne zu kriegen, musste ihr die Pfote geben! Neuerdings sagt sie »Pelzo« zu mir.

5. August

Heute waren wir zum Mittagessen in einem Restaurant. Wie es scheint, hat Madame nicht eben wenige Freunde. Nur ich gehöre offensichtlich nicht dazu. Alle am Tisch hatten drei Gänge – außer mir, ich hatte einen Napf mit Wasser.

7. August

Alfonso, was will sie von mir? Was, um Himmels willen, ist ›Rolle roll‹?! Und was ist ein ›Pelzbrötchen‹? Hast du je von »Kackstelzen« gehört? Habe ich Ähnlichkeiten mit einer »Kleinen Socke«? Was ist ein Purzelchen? Warum finde ich diese Begriffe nicht in dem Wörterbuch?

9. August

Natürlich kann ich auf zwei Hinterbeinen laufen, was glaubt sie denn, wen sie vor sich hat? Wie wäre ich denn sonst an die oberen Etagen in Oliveiras Kühlschrank rangekommen? Allmählich wird das Stockholm-Syndrom zu einer wahren Last. Niemand, Alfonso, niemand darf je erfahren, was ich hier für eine Show abziehen muss, um am Leben zu bleiben. Stell dir nur vor: Neuerdings versteckt sie mein Essen, und ich muss es suchen! Sie versteckt es noch nicht einmal gut. Ich laufe nur für sie ein paarmal in die Irre, um den Eindruck zu erwecken, sie wäre mir überlegen. Wenn ich alles gefunden habe, schlägt sie voller Entzücken die Hände zusammen und lobt mich.

Ich lasse mich aus demselben Grunde sogar dazu herab, Obst zu essen. Die Madame kniet vor mir, damit ich ein Stück Apfel aus ihrer Hand entgegennehme. Egal ob es mir schmeckt oder nicht – ich halte mich an die eiserne Regel: Je größer ihr Entzücken, desto leichter mein Leben.

10. August

Seit drei Tagen liegt ein Stück Salbei-Zitronenhühnchen im Backofen. Sie hat es dort vergessen.

11. August

Ein kleiner Sieg ist errungen: Ich habe ihr beigebracht, mir morgens den Bauch zu massieren. Und am Nachmittag darf sie mich hinter den Ohren kraulen. Sie scheint es zu genießen. Ich glaube, ich bin auf dem richtigen Weg, den Spieß allmählich umzudrehen. Und stell dir nur vor: Sie hat sich noch nicht einmal gewundert, dass der Teller im Backofen leer war, als sie ihn heute herausgeholt hat. Sie ist in der Lage ein Zitronenhühnchen komplett zu vergessen! Na ja, es fehlte eindeutig an Knoblauch und ein wenig Chili hätte auch nicht geschadet.

12. August

Ein finsterer Tag für mein Image, Alfonso, mein Freund. Du kennst meine kleine Nervenschwäche. Es gab ein Gewitter. Nicht auszudenken, dass sie glauben könnte, ich wäre ein Feigling. Aber sobald der Donner grollt, packt mich die Panik, und ich fange an zu zittern. Du weißt, es ist nur … weil meine Mutter in einer Gewitternacht verschwand. Vermutlich ist sie vom Blitz erschlagen worden, anstatt sich in einem Keller in Sicherheit zu bringen und abzuwarten, wie es das Klügste gewesen wäre.

13. August

Sie hat es weitergetratscht. Wir waren wieder in diesem Restaurant. Indisches Essen, Alfonso. Drei Gänge für ihre Freunde und dazu Bla, Bla, Bla… Sie machte sich darüber lustig, dass ich zwei Stunden unter dem Tisch gesessen habe. Das wäre auch der sicherste Ort für Madame gewesen – aber Natur geht ihr ja komplett gegen den Strich. Sie hat sogar noch die Fenster aufgemacht, um sich das Schauspiel anzugucken, als die Blitze nur wenige Meter von unserem Haus entfernt vom Himmel schossen. So viel Unvernunft! Ich frage mich, wie sie so lange überleben konnte.

Ihre Freunde haben sich prächtig amüsiert und sich die Wänste mit Chicken Tikka Massala vollgestopft. Ich hatte einen Napf mit Wasser.

14. August

Ich bin drin! Alfonso, mein Freund, ich hätte besser nachdenken sollen. Die Gewitterfront kehrte am Abend mit schwüler Luft zurück. Als ich den Donner in der Ferne grollen hörte, nahm ich die Gelegenheit wahr, mich in Madames Bett zu verstecken. Sie fand mich erst, als die Blitze schon krachend ums Haus zuckten. Ich verstärkte das Zittern meiner Beine und zog die Ohren bis ans Kinn. Und anstatt mich sofort hinauszuwerfen, wie es sonst ihre

Art ist, sagte sie voller Mitleid in der Stimme: »Aber nur, weil du so viel Angst hast, Möpschen. Das wird bestimmt kein Dauerzustand.«

17. August

Ach, wie einfach die Menschen doch gestrickt sind. Ich muss mich nur noch zitternd an die Bettkante stellen, und Madame kann im Angesicht meines Elends nicht Nein sagen. Sie hat ihre Gewitterlektion schnell gelernt – die Zitronendecke hat sich erledigt.

Dafür gibt es seit heute eine neue Übung, die die gnädige Frau mit großem Eifer verfolgt. Was würdest du denken, Alfonso, wenn ein Zweibeiner vor dir stünde und im Sekundentakt sagte: »Schau mich an.« Was so viel wie: »Olhe para mim« bedeutet.

Eben, ich sehe das Erstaunen geradezu auf deinem Gesicht. Wenn mir jemand in die Augen schaut, dann weiß ich doch, dass er nichts Gutes von mir will. Jemand, der das tut, hat es auf eine Prügelei abgesehen. *Wir* wissen das, aber *die* nicht. Ich tue Madame den Gefallen und hebe den Kopf, versuche aber, ihr nicht direkt in die Augen zu schauen. Sie scheint die kleine List nicht zu bemerken und ist schon beruhigt, wenn sich mein Kopf in ihre Richtung bewegt – mich beruhigt es ganz und gar nicht.

Aber ich habe mehr und mehr Grund zu der Annahme, dass mein Plan aufgehen wird. Sie glaubt schon jetzt, dass sie mich im Griff hat. Wenn sie wüsste …

Pfote geben! Rolle roll! Mach Männchen! Hopp! Komm! Bleib! Lauf! Stopp! Kehrt! Und immer und immer wieder SCHAU MICH AN! Wozu bloß das ganze Theater? So schön ist sie nun auch wieder nicht.

Alfonso, es ist so bitter. Aber ich bin bereit, alles zu tun, um nur für fünf Minuten die Leine loszuwerden, und dann werde ich sie nie mehr wieder sehen oder vor allem – nie mehr wieder hören. Wenn sie mich noch einmal »Kleine Pelzwurst« ruft oder meine Hinterläufe als Kackstelzchen bezeichnet … und es ist auch völlig einerlei, dass sie es mit einem süßen Säuseln in der Stimme sagt! Ich weiß, dass sie eine falsche Schlange ist – sie hat einen Mülleimer mit verschließbarem Deckel angeschafft, und an der Backofentür ist jetzt ein Riegel.

23. August

Alfonso, mein Freund – ich habe die Beherrschung verloren, mich zu sehr in meinen Erfolgen gesuhlt und bin unvorsichtig geworden. Nur so kann ich mir erklären, was gestern passiert ist. Der Tag fing wunderbar an – stell dir nur vor, ich habe einen Hund getroffen, mit dem man halbwegs auskommen kann. Wenn hier einer den Titel Pelzwurst verdient hat, dann er, denn sein langer, dunkel gestromter Leib steht auf sehr kurzen Beinen. Ich fürchte, seine Mutter hatte eine heiße Affäre mit einem Corgy. Er heißt Scooter, kommt aus Spanien und gibt sich sehr lässig. In den letzten Tagen war er mir im Park aufgefallen, nicht nur, weil er beinahe der Kleinste war, dafür aber die größten Segelohren weit und breit hatte, sondern weil er sich um nichts und niemanden scherte. Er guckte noch nicht mal hin, wenn der schreckliche Armani in der Nähe war und einen auf dicke Hose machte. Auch trägt er denselben Orden wie ich um den Hals, also empfand ich es als angemessen, dass ich das Wort an ihn richtete, als ich Scooter heute am Teich antraf. Ich beobachtete die Enten, du kannst dir vorstellen, wie mein Magen mittlerweile rebelliert und mich in den Wahnsinn treibt. Nachts zähle ich Brathähnchen, um in den Schlaf zu kommen, und tagsüber schwimmen die fettesten Brocken, na gut, keine Brathähnchen, dafür aber dicke Enten, direkt vor meiner Nase vorbei, dass mir der Speichel aus dem Maul fließt.

Ich stehe also da und meditiere über eine deftige Pato de Braga mit Knoblauchchouriço, Lorbeer und Safranreis, und da steht er plötzlich neben mir und sagt: »Denk noch nicht mal drüber nach.«

Ich seufzte.

»Neu hier?«, fragte er.

»Na ja, nicht mehr ganz neu. Ich hab dich schon öfter gesehen.«

»Wie is' sie denn so?« Er wies mit dem Kopf auf Madame, die sich mit seiner Chefin unterhielt.

»Seltsam«, sagte ich.

»Hm«, machte Scooter. »Auf mich macht sie einen guten Eindruck.«

»Ja, du musst ja auch nicht mit ihr zusammenleben. Dauernd sucht sie ihre Brille, ihr Portemonnaie oder ihre Autoschlüssel. Es wäre besser, sie würde ihre Handtasche an die Leine legen anstatt mich. Ach … und zu essen gibt es nur trockenes Zeug. Komm, gehen wir ein paar Schritte. Wenn du gestattest, würde ich dich gern etwas fragen.«

Wir schlenderten ein Stück am Teich entlang. Ich erfuhr, dass Scooter es mit dem Essen leichter hatte als ich. Er lebte in einer Familie mit Kindern. Da war es kein Problem, Reste vom Tisch zu bekommen. Er wohnte dort schon seit zwei Jahren. Und zwar freiwillig, wie er mir rundheraus erklärte.

»Weißt du«, sagte er, »ich war dieses Posing am Strand so leid. Am Anfang hat es mir gut gefallen, war cool, wenn du verstehst, was ich meine; jede Menge Picknickkörbe, das Meer und die Freiheit und alles. Aber ich bin langsam in die Jahre gekommen, und da will man ein bisschen Bequemlichkeit. Also hab ich mir die Familie ausgesucht – und es hat geklappt.«

»Wie hast du das denn gemacht? Ich meine …?«

»Sie waren mit dem Auto am Strand. Ich bin reingesprungen, hab mein Welpengesicht aufgesetzt, und das war es. Sie können einfach nicht widerstehen. Und bis jetzt habe ich es nicht bereut. Warmer Schlafplatz, reichlich zu Essen, regelmäßige Bewegung und ärztliche Betreuung. Ich musste mir am Anfang ein bisschen Respekt verschaffen – aber damit war zu rechnen.«

»Und was ist mit deinem Rudel? Du hast deine Meute einfach im Stich gelassen!«

»Ach, was. Die haben noch nicht mal gemerkt, dass ich nicht mehr da war. Ich hab sowieso meistens auf eigene Rechnung gearbeitet. Ich hatte meine dreihundert Meter Revier am Strand von Benalmádena an der Costa del Sol, und mehr wollte ich nicht. War eine coole Zeit, aber sie ist vorbei. Und du? Was treibt dich hierher?« Scooter setzte sich ins Gras und kaute an einem Grashalm herum.

»Gar nichts. Ich habe mir gar nichts ausgesucht«, antwortete ich. »Ich wäre lieber zuhause in Vila do Santo Chouriço, bei meinem Rudel.«

»Wart ihr gut?«

»Das fragst du? Pah! Alle kennen El-Rei Dom João. Mir gehört das ganze Revier rund um den Marktplatz. Drei Restaurants inklusive, und ich kenne den geheimen Zugang zum Mercado Municipal!«

»Aha. Cool. Und dann?«

»Hat es mich irgendwie erwischt. Jäger, du verstehst – sie hatten Gewehre, und, und … plötzlich war ich im Gefängnis.«

»Uncool.«

Wir schwiegen eine Weile. Noch ein »cool« oder »uncool« würde mir nicht weiterhelfen. Scooter schien sich für mein Leben nicht sonderlich zu interessieren.

»Sag mal, warum sind die anderen so arrogant?«, setzte ich nach einer Weile das Gespräch fort.

»Weil wir Ausländer sind. Und nicht reinrassig.«

»Ich soll nicht reinrassig sein? Ich bin ein Mops!«

Scooter hob eine Augenbraue und sagte: »Ach ja? Cool. Aber du hast nur ein Auge, das ist auch Shit. Behinderte mögen sie auch nicht.«

»Ich verstehe das nicht – wir hatten auch einige Ausländer in Vila do Santo Chouriço. Na und? Assunta, meine zweite Rudelfrau, ist aus Italien und stocktaub. Die hab ich doch auch nicht gebissen und aus dem Land gejagt.«

»Die Dummköpfe hier meinen, dass wir ihnen die Arbeitsplätze wegnehmen. Sie sagen, es gäbe genug deutsche Hunde, die einen Platz brauchen und die nicht aus dem Knast kommen, weil die Leute lieber uns nehmen. Wegen der Exotik. Weil es schicker ist, einen Hund aus einer Tötungsstation aus einem fernen Land zu retten.«

»Was? Aber ich habe hier gar nicht hingewollt. Ich wollte nicht von zuhause weg. Ich musste nicht gerettet werden. Und ich nehme niemandem was weg. Was soll das?«

»Denk einfach nicht drüber nach. Du kapierst es sowieso nicht. Halt dich von denen fern, und mach dein eigenes Ding.« Scooter sprang in den Teich und schnappte nach einem Frosch. Seine Chefin lachte.

»Den hättest du aber kriegen können«, sagte ich.

»Ich bin doch nicht blöd«, antwortete Scooter und schüttelte das Wasser aus seinem Fell. »Die Zweibeiner mögen das nicht. Spiel ein bisschen den Affen, aber mach nix Ernstes – keine Beute, kapiert?! Sonst schleifen sie dich in die Hundeschule.«

»Aha?! Und wie ist es da?«

»Schlimm.«

»Aha. Und wie heißt du?«

»Sie nennen mich Scooter.«

»Ich meine, deinen richtigen Namen.«

Seine Chefin pfiff nach ihm, aber er machte keine Anstalten, ihrer Aufforderung sofort Folge zu leisten.

»Hab keinen«, sagte er. »Nie einen gehabt. Keine Vergangenheit – kein Ballast für die Zukunft – und dem Universum ist es eh wurscht, wie du heißt. Man sieht sich.« Er gähnte und trabte davon.

Das ist es also: Ich bin ein unerwünschter Ausländer. In beiderlei Sinn, Alfonso. Sie wollen mich hier nicht. Und ich will eigentlich auch gar nicht hier sein! Das ist doch kafkaesk! Absurd! Und dann soll ich noch ein bisschen den Affen spielen – ich soll meine Natur verleugnen.

Glaub mir, meine Nerven waren kurz vor der Zerrüttung. Ich war taub für das, was die Madame mir sagte. Sie zerrte mich hierhin und dorthin. Es war mir egal. Und dann, als ich es am wenigsten erwartete, stand plötzlich Armani vor mir. Beschäftigt mit der Aussichtlosigkeit meiner Situation und mit einem Hirn, das kurz vor der Überhitzung war, hatte ich alle Vorsicht fahren lassen, Alfonso. Das war unverzeihlich.

Ich erfasste die Situation zwar in der nächsten Sekunde, aber es war zu spät. Armani war nicht angeleint, sein Nackenfell war gesträubt, sein Körper stand unter Hochspannung, und er starrte mich an. Von seinem Menschen war weit und breit nichts zu sehen.

»Mach den Weg frei, Pançudo. Mich beeindruckst du nicht mit deinem Gehabe«, rief ich ihm zu.

»Hey, Kanake, immer noch nicht beim Abdecker?«, knurrte er und kam zwei Schritte näher. »So was wie dich sollte man hier nicht durchfüttern. Geh wieder dahin, wo du hergekommen bist, du dreckiger Bastard!«

»Geh aus dem Weg, Fettwanst. Sonst setzt es was. Und nenn mich nie wieder einen Bastard!«

Die Madame stellte sich neben mich und rief: »Stopp. Aus!«

Armanis Augen traten aus ihren Höhlen, er zitterte vor Wut am ganzen Körper und fletschte die Zähne. Die Zeit des Redens war vorbei.

Ich kann mich nicht erinnern, wie lange der Kampf gedauert hat. Aber ich schwöre dir, seine Ohren bluteten. Ich habe ihm ein Stück Brustfell rausgerissen. So wahr ich hier stehe – Dom João, 28.

Ich hätte diesen Fettwanst umgebracht, wären wir nicht auseinandergerissen worden. Jemand packte eines meiner Hinterbeine, ich flog in die Luft, schlug auf der Seite auf und dann wurde ich unsanft auf die Erde gedrückt.

Madame hielt mich im Klammergriff. Ihr Gesicht hatte die Farbe von Kreide. Der Kerl, der zu diesem Dummkopf von einem Hund gehört, hatte Armani gepackt, hielt ihn in Schach und schimpfte auf Madame ein. Hatte er den Verstand verloren? Armani hatte doch angefangen! Aber Madame ließ sich gottlob nichts gefallen. »Leinen Sie Ihren Killer das nächste Mal gefälligst an!«, sagte sie zu dem Kerl. Der richtete sich auf und ging bedrohlich einen Schritt auf sie zu. Aber sie wich nicht vor ihm zurück. »Sehe ich Ihren Köter noch einmal ohne Leine hier im Park rumlaufen, rufe ich die Polizei an.«

Obwohl ich mehr als verwirrt war, fand ich, dass sie ein bisschen Applaus verdient hatte und pflichtete ihr knurrend bei.

Der Kerl entfernte sich und zog den hinkenden Armani hinter sich her, der sein Maul nicht halten konnte. »Jetzt bist du dran. Du bist dran, du Bastard. Du bist reif für die Todesspritze.«

»Und du, du hast noch nicht einmal einen Orden!«

Armani lachte. »Einen Orden? Du lieber Himmel, hör sich das einer an! Ein Hund, der behauptet, einen Orden zu haben, hat doch wirklich nicht mehr alle beisammen.«

Ich wollte ihm eine passende Antwort geben, brachte aber nur ein Röcheln hervor, denn Blut schäumte plötzlich aus meinem Maul. Madame hob mich hoch und rannte los.

Du kannst dir mein Entsetzen nicht ausmalen, als sie geradewegs aus dem Park hinauslief, direkt auf die Höhle der unterirdischen Bestie zu. Ich versuchte zu schreien, verschluckte mich an meinem Blut und hustete. Sie sprang die Treppen hinunter, und wir erreichten eine Art Plattform, die sich mitten in einem Tunnel befand, schwach beleuchtet von flackernden Neonröhren. Ein riesengroßer Altar, dachte ich, auf dem sie die Beute für die Bestie darbringen, um sie zu besänftigen. Aus der Ferne hörte ich das Schnaufen des herannahenden Ungeheuers, und aus dem Finstern des Tunnels leuchteten plötzlich zwei limonenfarbene Augen. Das Untier bewegte sich in rasender Geschwindigkeit auf uns zu, weil es mein Blut gerochen hatte. »Madame«, röchelte ich, »so laufen Sie doch. Es wird uns umbringen!« Ich spürte, dass sie am ganzen Körper zitterte, bekam keine Luft mehr und wurde ohnmächtig. Gnädig ist der Tod, der dich im Schlaf ereilt, Alfonso.

Ich kann dir leider nicht erklären, wie wir der Bestie entkommen sind. Aber wir haben es wieder bis nach Hause geschafft. Ich kam wieder zu mir, als Madame mich auf die Zitronendecke legte. Mir schmerzten alle Knochen im Leib, mir war kalt, denn die Hand des Todes hatte nach mir gegriffen. Es hätte nicht viel gefehlt, und ich wäre nicht mit dem Leben davon gekommen. Madame scherte sich nicht um meinen Zustand und sagte: »Was hast du dir nur dabei gedacht, Herr Schröder? Eines Tages nervst du den Falschen. Dann läuft dir ein Pitbull über den Weg. Und der wird dir einfach den Hals durchbeißen.«

Was schert mich ein Pitbull, wenn es gilt, mein Leben und auch noch ihres zu verteidigen, weil sie ja selbst dazu nicht in der Lage ist. Sie ist sich ja noch nicht mal bewusst, was da draußen läuft, diese Ignorantin. Hat sie etwa gedacht, Armani wollte nur spielen? Ich verstand ihren Ärger nicht. Wenn sie so unzufrieden mit mir war, hätte sie mich doch bei der Bestie im Tunnel lassen sollen! Ich hatte mich mit meinem Ende doch schon abgefunden.

25. August

Madame ist heute ohne mich ins Restaurant gegangen. Als sie wiederkam, roch sie nach Papadam, Chicken Vindaloo und Basmatireis. Rate, was ich hatte.

28. August

Ich bin wieder auf den Beinen, Alfonso, und muss erkennen, dass es immer noch viel schlimmer kommen kann. Madame macht mir täglich Vorhaltungen, dass ich mir am liebsten die Ohren mit Wachs verschließen möchte. Und im Park erzählte mir Scooter, dass alle Hunde sich über mich und meinen Kampf gegen Armani das Maul zerrissen. Aber nicht ich war der Held in ihren Geschichten – sie beschwerten sich vielmehr darüber, wie ich, der froh sein konnte, halbwegs geduldet zu sein, es hatte wagen können, Armanis Alphastellung infrage zu stellen. Scooter sah das natürlich nicht so. Es amüsierte ihn, dass ich dem Dicken tatsächlich ein Stück vom Ohr abgebissen hatte, und fragte mich, wie der Fettsack geschmeckt hat. Allerdings riet er mir, vor dem nächsten Fight lieber noch mal nachzudenken.

»Oder willst du dein anderes Auge auch noch verlieren, Kamikaze?«

»Nein, natürlich nicht.«

»Ja, guck nicht so, du hast deinen Spitznamen weg. Kamikaze, klingt doch gut. Und merk dir noch eins – hohe Tierarztrechnungen bringen die Zweibeiner auf die Palme. Hier ist nichts umsonst.«

Erst da dämmerte mir, dass Madame mich während meiner Ohnmacht wieder zu dieser Frau gebracht haben musste, die mir schon einen Zahn gezogen hatte. Was hatte sie davon abgehalten, mir noch etwas abzuschneiden?

»Ich habe sie nicht drum gebeten, mich zum Arzt zu schleppen. Ich war bewusstlos«, sagte ich.

»Kein Wunder, du hast geblutet wie ein Schwein, hat mir einer erzählt, und wenn Madame mit dir nicht die nächste U-Bahn gekriegt hätte, wäre für dich alles zu spät gewesen. Du hast Glück gehabt, dass sie so geistesgegenwärtig war, nicht erst nach Hause zu rennen, um den Wagen zu holen.«

»U-Bahn?«

»Ja, U-Bahn. So ähnlich wic Bus, nur ›U‹, wie *unter* der

Erde. Mein Gott, João, du bist ja wirklich vom Planet der Ahnungslosen. Was hast du denn gedacht, was da unten in dem Loch ist!«

»Nichts. Ich hatte lediglich den deutschen Namen dafür noch nie gehört. Bei uns sagt man anders dazu«, erklärte ich schnell, denn das Letzte, was ich wollte war, dass Scooter dachte, ich sei ein Hinterwäldler.

»Ha, ha … Lass mal die Luft raus. Du siehst jetzt schon aus wie ein aufgeblasener vierbeiniger Knallfrosch. Natürlich hast du gedacht, dass da unten ein Monster wohnt. Das denken alle, die vom Dorf kommen«, sagte Scooter und lachte, dass seine großen Segelohren in alle Richtungen flogen. »Und was deinen Orden betrifft, João: Das ist eine Hundemarke. Ist dir noch nicht aufgefallen, dass wir fast alle eine haben? Ein Blechstück, auf dem deine Registriernummer steht.« Er trabte davon und japste immer wieder: »Orden … einen Orden … Wie uncool …!«

Ein Mops verbirgt seinen Kummer zwischen den Falten in seinem Fell. Bei den Menschen heilt die Zeit alle Wunden, sagt man. Und so hatte sich auch die gnädige Frau weitestgehend wieder beruhigt, bis es heute früh an der Tür klingelte. Der Postbote brachte einen Brief. Madame riss ihn auf. Ihre Miene verfinsterte sich mit jeder Zeile, die sie las. Sichtlich erschüttert wankte sie zum Küchentisch und ließ sich auf einen Stuhl fallen. Dann legte sie den Brief auf den Tisch und sagte: »Schröder! Schau mich an.«

Ich guckte natürlich einen Meter an ihr vorbei und bereitete mich innerlich auf die nächste Sorgenfalte vor. Trotzdem fuhr sie fort: »So! Zweihundertfünfzig Euro Tierarztrechnung, Freundchen, weil du einen Zuchtrüden perforieren musstest. Plus einhundertfünfzig für deine OP. Ich hoffe, du hattest deinen Spaß.«

»Ich kann doch nichts dafür«, sagte ich. »Er hat angefangen, er hat gesagt … Er hat gesagt, ich gehöre in die Tötungsstation!«

»Herr Schröder, Sitz und Aus! Ab ins Körbchen. Du bringst uns beide in Teufels Küche.«

»Ach!«, sagte ich und sprang auf. »In Teufels Küche bin ich schon seit Wochen. Ich passe auf, dass wir uns nicht verlaufen; ich ertrage schlechtes Essen; ich muss auf Sie aufpassen und auch noch gegen andere verteidigen! Wenn Sie ein ordentlicher Rudelführer wären, dann hätten Sie diesem schwachköpfigen Burro was zwischen die Lefzen gegeben! Und noch etwas! Ich will es nur mal betonen: Ich bin nicht freiwillig hier! Ich habe niemals gesagt, dass ich mit solchen Idioten auf zwei Pfoten zusammenleben möchte. Mit Ihnen nicht, mit den anderen nicht, und auch nicht mit ihren Rassepinklern. Ich bin ein freier Hund und keine Registriernummer, die man auf ein Stück Blech graviert. Ich bin der König der Straßen von Vila do Santo Chouriço, ein Mops von Stand und Ehre! Mein Land ist Portugal. Mein Rudel, das seit Wochen ohne meinen Schutz ist, wartet auf mich. Wenn Sie das bitte endlich zur Kenntnis nehmen wollen, gnädige Frau!«

»Aus! Es reicht, Herr Schröder!«, rief sie und kam ein

paar Schritte auf mich zu, sodass ich mich ins Körbchen verkriechen musste. Dann ging sie, ohne sich noch einmal umzudrehen, aus dem Zimmer und zog die Tür hinter sich zu. Ich hörte, wie sie ihre Sachen nahm und die Wohnung verließ.

Das, glaube ich, Alfonso, ist kein gutes Zeichen. Ich weiß, ich habe die guten Sitten außer Acht gelassen, und nach allem, was Scooter mir erzählt hatte, hätte ich mich wenigstens mit einem Satz bedanken sollen – aber der Schmerz über die Ungerechtigkeiten, die mir laufend widerfahren, sitzt einfach zu tief. Da versucht man die Welt von einem Tyrannen zu befreien, und was erntet man? Nichts als Hohn und Spott und Vorhaltungen. Zweihundertfünfzig Euro? Hundertfünfzig Euro? Das ist mir zu abstrakt – ein Hund braucht kein Geld. Wenn Gott gewollt hätte, dass Hunde Portemonnaies mit sich führen, hätte er aus ihnen Beutelratten gemacht!

Ich errege mich noch immer, Alfonso. Das ist nicht gut. Ich muss mich beruhigen. Ich muss die Situation neu bewerten. Wohin hat mich mein Temperament gebracht? Ich befürchte, meine Ansprache hat mich um Lichtjahre zurückgeworfen. Werde ich es wiedergutmachen können? Das sind alles Fragen, deren Beantwortung ein gerüttelt Maß an Muße und Zeit benötigt. Deswegen bin ich in mich gegangen und habe Folgendes beschlossen: Ich übertrage dir offiziell die Führung des Rudels. Bis ich wieder da bin, und wer weiß, wann das sein wird, ernenne ich dich hiermit vor aller Welt, die Zeuge dieses Aktes meiner Weitsicht und Großherzigkeit ist, zum Regenten und Vizekönig von Vila do Santo Chouriço. Nimm, Alfonso I., die Worte Ferndando Pessoas zum Geleit: »*Stumm betrachte ich den See, den eine Brise kräuselt. Nichts weiß ich, wenn ich an das Ganze denke … Oder es ist das Ganze, das mich vergisst.*«

Kapitel 4

2. September

Vielleicht war ich etwas voreilig, Alfonso, mein Freund, dir die Amtsgeschäfte zu übertragen, andererseits beruhigt es mich doch, dass ich mein Rudel in guten Händen weiß. So kann ich mich mit ganzer Kraft meinem Fluchtplan widmen, ohne fürchten zu müssen, dass zwischenzeitlich eine fremde Meute mein Stadtviertel übernimmt. Ich möchte niemals so sehr an den Rand der Verzweiflung geraten wie mein geliebter Pessoa, der einmal schrieb: *»Mein Leben – eine Tragödie, ausgepfiffen von den Göttern …«*

Es liegt schließlich in der Macht eines jeden selbst, ob aus seinem Leben eine Tragödie, eine Komödie oder ein Heldenepos wird. Und im Gegensatz zu Pessoas pessimistischer Einsicht halte ich Freundschaft für möglich. Er als Mensch, und da liegt einer der großen Unterschiede zwischen Pelz und Nichtpelz, hat an den Verrat geglaubt. Aber als ich die Ereignisse der letzten Wochen Revue passieren ließ, da war ich zuweilen nahe daran, ihm beizupflichten. Dennoch bin ich nicht so tief gefallen, um mich in Zynismus und Selbstmitleid zu suhlen. Noch bin ich am Leben, noch atme ich. Also ist noch nicht alles verloren.

Nach meiner großen Ansprache an die Madame fürchtete ich das Schlimmste, weiß ich doch, dass die Zweibeiner die Wahrheit nicht vertragen können. Sie hatte große Zweifel, sehr große Zweifel, was unser Zusammenleben betrifft. Ich konnte es an ihrem Gesicht ablesen. Am liebsten hätte ich ihr zugerufen: »So lassen Sie mich doch endlich gehen, Madame. Wir verstehen uns einfach nicht. Öffnen Sie die Türe, und ich werde mich davonmachen, und in ein paar Tagen haben Sie vergessen, wer ich bin und dass ich jemals da war.«

Aber ich enthielt mich eines Kommentars. Niemals wäre sie auf die Idee gekommen, mir die Freiheit zu schenken. Nein, Alfonso, mein Freund, so direkt denken die Zweibeiner nicht. Sie sind es, die immer wieder an den Ort des Verbrechens zurückkehren, wie man so sagt, was lediglich bedeutet, dass sie dieselben Fehler immer wieder begehen. Wie mein Vater Dom João, 27. schon bemerkte, würde eher ein Kamel durch ein Nadelöhr gehen, als dass man einem Menschen begegnet, der aus Fehlern gelernt hätte. Und so musste ich fürchten, dass sie auf die simple Idee, die Türe für mich zu öffnen, nicht kommen würde. Sie, sollte sie zu dem Schluss gelangen, endgültig meiner überdrüssig geworden zu sein, würde mich einfach zurück ins Gefängnis bringen. Und dann wäre jede Chance auf eine Flucht vertan.

Ich hielt mich also in den folgenden Tagen ein wenig zurück, ruhte sehr ausgiebig und beobachtete Madame bei ihren Umtriebigkeiten genau. Um ihr meinen Willen zur Versöhnung deutlich zu machen, nahm ich sogar ein Stück Banane.

Zuweilen machte ich mir einen Spaß daraus, mit ihr das Schattenspiel zu spielen. Du weißt, man folgt ihnen auf Schritt und Tritt, in der Gewissheit, dass die Menschen das mögen, weil sie glauben, wir könnten nicht ohne sie sein. Ich schaute zu, wenn sie in einem Topf rührte, einen Knopf annähte, Wäsche sortierte oder nachdachte. Ich ließ sie einzig und allein in der intimen Atmosphäre ihres Badezimmers allein – es wäre ja noch schöner, wenn ich sie durch eigene Unachtsamkeit auf die Idee brächte, ich würde um ein Bad ersuchen.

Wenn man erst einmal mit einem Menschen auf engstem Raume zusammenleben muss, erfährt man, mit wie viel unnützem Kram sie den Tag füllen. Anstatt gemütlich auf der Couch zu liegen, schrubbt sie das Badezimmer, kehrt die Küche, spricht unaufhörlich in ihr Telefon, rennt herum, um Essbares herbeizuschaffen und es wie ein Eichhörnchen zu bunkern; sie räumt und macht und tut ohne Unterlass, und wenn sie damit fertig ist, hängt sie im Garten die Wäsche auf. Genau über der Stelle, wo die Stänkerin immer ihr Geschäft verrichtet. Ich lege mich in angemessenem Abstand ins Tulpenbeet, um nicht mit diesem Geruch in Berührung zu kommen. Die Nasen der Menschen sind nichts weiter als ein mehr oder weniger zum Gesicht passendes, knöchernes Überbleibsel dessen, wozu es einmal ursprünglich gedacht war. Wenn es nach mir ginge, müsste sie die Wäsche gleich noch mal waschen. Aber das wäre müßig, weil sie sich und ihre Kleidung täglich mit einem Duft aus einem Flakon besprüht, so wie die alte Dona Clara. Wobei Dona Clara diese kleine Extravaganz verziehen wird, war sie doch in jungen Jahren eine gefragte Cantora – weit über die Stadtgrenzen von Vila do Santo Chouriço hinaus berühmt für ihren Fado. Aber hier, in dieser Stadt, machen es fast alle Menschen so. Niemand riecht mehr nach sich selbst. Vermutlich ein schwacher Versuch, den Feind in die Irre zu führen, eine olfaktorische Tarnkappe, ohne die sich niemand aus dem Hause traut. Ich glaube, sie wollen damit den Geruch ihrer stets gegenwärtigen Angst überbrücken. Erst wenn sie sich komplett eingenebelt haben, sind sie zufrieden mit ihrem Abafamento, und sie fühlen sich stark genug, sich unter ihresgleichen zu mischen.

Dona Clara hatte einen Flakon mit Lavendelduft, der die Aura ihrer natürlichen Anmut noch unterstrich – abgesehen davon, dass sie in ihrem Leben noch nie vor irgendetwas Angst hatte. Meine Madame bevorzugt es, nach Holz und Mandarinen zu duften, was im Grunde genommen eigentlich sehr schön ist, aber wie mit allem im Leben, Alfonso: Die Mischung macht es, und Mandarinen, Holz und der Mijo einer Hündin machen es eben nicht.

Und was Menschen zum Überleben alles so brauchen, mein Freund. Sie haben ja kein Fell, so wie wir, das zu jeder Jahreszeit für passende Belüftung, Heizung oder Abkühlung sorgt. Alles in allem sind die Zweibeiner recht unvollständig in ihrer Art. Geradezu enttäuschend. Aber mein Vater hat immer gemahnt, man solle sie dafür nicht minder achten. Sie sind, was sie sind, so hat die Natur sie eben geschaffen. Man solle sich nur fernhalten von ihnen, ansonsten läuft man Gefahr, dass die menschliche Unvollkommenheit vom eigenen Wesen Besitz ergreift. Die schlechten Angewohnheiten bleiben an einem haften, wie der zertretene Kaugummi auf dem Trottoir an der Pfote eines unvorsichtigen Hundes klebt. Man wird sie schwer bis gar nicht mehr los, und sie verselbständigen sich geradezu, und nach einiger Zeit weiß man nicht mehr, wohin man gehört – ob man am Ende zwei Beine hat oder vier. Um seelisch gesund zu bleiben, muss man den Umgang mit Seinesgleichen suchen – mehr braucht man nicht. Schließlich, so lehrt es die große Geschichte der Hunde – allen voran die der Möpse selbstverständlich –, sind wir Wölfe, nur leider tragen wir schwer am Schicksal, das sich einst in grauer Vorzeit ereignete. Da lebten die Wölfe mit allen Tieren im Paradies. Die Erinnerung an die Menschen, die es dort auch einmal gegeben hatte, war schon ziemlich verblasst, und jeder hielt die Sache mit Adam und Eva und dem Apfel für ziemlichen Humbug. Niemand hatte die

Menschen je zu Gesicht bekommen – also fingen einige an zu glauben, es gäbe sie gar nicht. Bis eines Tages ein Wolfspaar auf der Suche nach Nahrung an die Grenzen des Paradieses gelangte und dort einen Knochen fand.

»Wir fressen nicht, was wir nicht selbst erbeutet haben«, mahnte der Rüde. Aber die junge Wölfin sprach: »Es ist doch nur ein Knochen. Und wenn er schon mal hier so appetitlich liegt. Ich sehe keinen Sinn darin, ihn zu verschmähen … Ich bin tragend und habe Hunger …«

Der Rest ist Geschichte: Sie nahm den Knochen, eine Schlinge legte sich um ihren Hals – und nimmer ward sie mehr gesehen. Das, Alfonso, ist unsere Urmutter, die mit Neugierde, aber auch mit Dummheit geschlagen war – und so begann die Domestikation. Welche Ausmaße das noch annehmen wird, weiß ich nicht. Stell dir nur vor, Alfonso, du wachtest eines Morgens auf und hättest das Bedürfnis, dir die Zähne mit einer Bürste und Zahnpasta zu putzen, statt dir das Gebiss an einem großen Knochen zu säubern? Das wäre dann das Ende der Kaniden-Kultur, und die Hunde würden anfangen, auf zwei Beinen zu laufen.

Aber zurück zum Geschehen: Unsere Reviergänge machten wir zu den üblichen Zeiten. Madame hatte sich eine neue Taktik ausgedacht für den Fall, dass uns Zweibeiner mit ihren Hunden entgegenkamen. Kaum tauchte am Horizont ein entsprechendes Paar auf, nahm sie meine Leine ganz kurz und versuchte, mit so viel Abstand wie möglich, an dem Hindernis vorbeizukommen. Ich hing dann mit allen Vieren in der Luft und testete die Wirkung von Schimpfwörtern in der neuen Sprache. Ein paar von den Rasseкötern wichen auch erschrocken zurück und flüsterten sich zu: »Das ist der einäugige portugiesische Kamikaze. Sieh ihn nicht an« und gingen hocherhobenen Hauptes an uns vorbei. Ein paar andere konnten es sich aber nicht nehmen lassen, mir Paroli zu bieten, und so hatten wir ab und an ein herrliches Durcheinander auf dem Trottoir. Das ging manchmal so weit, dass die gnädige Frau mit den anderen Hundehaltern in Streit geriet. Sie bekam von ihren Artgenossen schlechte Kritiken, was ihr natürlich nicht gefiel. Eine dicke Frau, die mit ihrem Dackel Felix immer zur selben Zeit wie wir unterwegs ist, kam uns neulich entgegen. Felix ist ein übler Stänkerer, kann ich dir sagen. Wann immer er mich sieht, ruft er mir schon von weitem zu: »Hey, Kotzbrocken, verpiss dich, keiner vermisst dich.« Dann macht er auf der Stelle ein Welpengesicht und schaut seine Chefin an, als könne er kein Wässerchen trüben, und die Dicke streichelt ihm über den Kopf, weil sie ihren krummbeinigen Wischmopp für den Nabel der Welt hält.

Meine Madame versuchte also auszuweichen, wir liefen schon Gefahr in ein Gebüsch zu stürzen, aber die dicke Frau kam stracks auf uns zu. Ich sah, wie Felix die Zähne fletschte, um sich auf mich zu stürzen, und schleuderte ihm ein »Krummbeinige Pest«, entgegen.

Da blieb die dicke Frau direkt vor uns stehen und sagte zu meiner Madame: »Wir hier im Park gucken uns das jetzt schon eine ganze Zeit lang an … und wir sind uns alle darüber einig, dass Sie wohl keine Ahnung haben, wie man mit dem Tier umgeht. Sie müssen Ihren Hund auch mal von der Leine lassen, dann hört das mit der Leinenaggressivität von ganz alleine auf.«

Ich stehe schon auf den Hinterpfoten und zeige Felix, womit ich ihm gleich das Fell zerfetzen werde. Er grinst mich an und feixt: »Na los doch, wenn du kannst, haha. Hängt an der Leine wie ein Baby. Komm doch, mach doch. Feige! Oder traust du dich nicht? Guck mal, ich hab auch einen Orden – ich hab sogar zwei, einen grasfarbenen und einen in Kirsch!«

Im selben Augenblick lässt meine Madame die Leine los, in der ich schon röchelnd hänge. Ich werde nach vorne katapultiert und lande direkt auf Felix, kann mein Glück kaum fassen, platziere ein paar ordentliche Backpfeifen und zwicke ihn ins Ohr. Er merkt schnell, was die Stunde geschlagen hat, und wirft sich auf den Rücken.

»Feigling«, knurre ich ihm ins Ohr. »Denk an Armani! Wenn du nur einmal zuckst, mache ich Hackfleisch aus dir, dann gibt es heute Nachmittag bei deiner Madame Dackelfrikadellen.«

Felix kneift den Schwanz ein und winselt um Gnade. Dabei hatte ich noch nicht einmal richtig zugebissen!

Jetzt aber schreit die dicke Frau meine Madame an. Als ich mich umdrehe, ist die schon ein ganzes Stück weitergelaufen und kümmert sich keinen Deut um mich. Sie dreht sich zur Dickmadame um und ruft: »Sie haben doch gesagt, ich soll ihn loslassen. Viel Spaß noch.«

Bevor die gnädige Frau um die nächste Ecke verschwinden kann, renne ich ihr hinterher. Die Dickmadame kann sich gar nicht beruhigen und schreit durch den ganzen Park: »Halten Sie gefälligst Ihren Hund fest. Wo wollen Sie denn hin? Hey. Was soll das? … Oh! Mein armer Felix … oh … mein Schätzchen …«

Alfonso! *Ich* renne *ihr* hinterher. Es hätte andersherum sein sollen!

Ja, schelte mich nur. Ich habe es nicht besser verdient. Später am Abend habe ich mir Vorwürfe gemacht, warum ich nicht einfach in die andere Richtung gelaufen bin. Aber wie hätte ich auch damit rechnen können, dass die Gelegenheit, auf die ich so lange gewartet habe, so spontan erscheinen würde? Der Rausch des schnell errungenen Sieges hatte mich überrumpelt.

Seit dieser Episode wechselt die gnädige Frau abrupt die Richtung, sobald ein Hund in Sicht kommt. Sie zwingt mich dazu, über Bordsteine, Straßen, Schienen und Zebrastreifen zu zickzacken wie ein verrückt gewordenes Wiesel. Kaum im Park angekommen, tauscht sie neuerdings die kurze Leine gegen eine sehr lange aus, setzt sich auf eine Bank, und ich darf um sie herumlaufen. Manchmal gucke ich mir das Schauspiel an, wie sie den Ball wirft und mich animieren will, ihn zurückzuholen. Ich bleibe sitzen und betrachte lieber die Frösche im Teich. Es wird nicht lange dauern, und sie wird es leid sein, den Ball immer wieder selbst zurückzuholen. Wenn sie sich wie ein Welpe verhalten will, bitte schön! Ich tue einfach so, als gehöre sie nicht zu mir.

Armani habe ich nicht mehr gesehen. Wie ich von Scooter erfuhr, hat sein Herr das Revier gewechselt. Aber glaube bloß nicht, dass die anderen ihre Meinung geändert haben und mir dankbar dafür sind, dass ich das Ungeheuer vertrieben habe. Sie sollten mich auf ihren Schultern tragen! Aber nichts dergleichen! Die Herrschaften bleiben auf der oberen Wiese unter sich, während Madame und ich auf der unteren Wiese bei den Ententeichen sitzen. Oben jagen sie Stöckchen und Bällchen hinterher und tun so, als hätten sie dabei jede Menge Spaß. Ich bemerke durchaus, wie die gnädige Frau ab und zu sehnsuchtsvoll zur anderen Wiese schaut. Ja, ich weiß – sie wäre gerne mit mir bei denen da oben. Aber so viel Mühe ich mir auch gebe, Alfonso – es ist nicht leicht, ein Idiot zu werden. Es ist noch nicht einmal leicht, einen Idioten auch nur zu spielen, wenn man ein Gehirn hat.

Felix hinkt demonstrativ, und er und seine dicke Chefin hören nicht auf zu erzählen, ich hätte mich wie eine blutrünstige Bestie auf ihn, den Unschuldsengel, gestürzt. Wie gut, dass meine Madame das nicht hören kann. Im Gegensatz zu mir ist sie ja taub wie Assunta.

»Schlechte Erziehung, die weiß ja gar nicht, wie man so einen Bastard richtig in die Schranken weist. So ein Straßenköter braucht eine harte Hand.«

»Mal richtig eins überziehen sollte sie der verrückten Töle. Total unfähig, einen Hund zu halten, diese Frau.«

»Wenn meiner aufmuckt, häng ich ihn in der Garage an den Hinterpfoten auf, so lange, bis er pariert.«

»Ich würde ihn wieder zurückbringen oder einschläfern lassen.«

»So einen muss man deckeln, bis er spuckt.«

Die Dickmadame nickte und sagte: »Na, na, man soll es nicht übertreiben. Ich glaube, es liegt eher an der Blutlinie. Ich habe nichts gegen Straßenköter, aber so ein Rassehund aus einer deutschen Zucht hat dann doch mehr Klasse.«

Ich sah, wie die anderen beifällig nickten.

Ja, Alfonso, so reden die Menschen in ihrer grenzenlosen Überheblichkeit.

»Lasst die Zweibeiner reden. Ich beiß ihm einfach die Rübe ab«, sagte ein Pitbull zu den anderen Hunden. »Der Kanake hat jetzt schon zwei von uns verletzt, das wird er noch büßen.«

Heute trat Felix in der Runde vor, besser gesagt, er humpelte, und erhob sein dünnes Stimmchen. »Wenn wir alle zusammenhalten, dann hat er nicht mehr lange was zu lachen.«

»Ja, machen wir ihn fertig. Wir werden uns doch vor so einem Kleinen nicht ducken«, stimmten sie dem Vorschlag zu.

Scooter und seine Chefin sind die Einzigen, die sich nicht am allgemeinen Getratsche beteiligen.

Der spanische Hippie redet mir täglich ins Gewissen. Er wundert sich, dass ich nicht schon längst in der Hundeschule angemeldet bin, über die er nur grausame Dinge zu erzählen hat. Dagegen seien die vorgeschlagenen Erziehungsmaßnahmen der Leute von der oberen Wiese der reinste Kindergarten. Seinen gruseligsten Beitrag hatte er sich für gestern aufgespart, da sagte er mir, er habe von einem Hund gehört, dem man ein Halsband umgelegt hatte, das Stromstöße aussendet, wann immer er nicht das tut, was sein Herr von ihm verlangt. Mittlerweile, so Scooter, sei das Nervenkostüm dieses Hundes schon derart zerrüttet, dass er sein Wasser nicht mehr halten kann, sobald es nach draußen geht.

»Er pinkelt sich auf die Pfoten«, sagte er und schüttelte sich. »Willst du so enden, João?«

Ich sagte es ihm nicht, aber glaube mir, Alfonso, ich war mir nicht sicher, ob Scooter phantasierte.

»Ich seh schon, du willst es nicht wahrhaben, aber wenn du dich nicht anpasst, dann sind deine Tage gezählt. So oder so. Entweder sie quälen dich zu Tode oder du kommst zurück ins Tierheim. Und dann, mein Lieber, werden sie dich nicht lange durchfüttern, sie werden dich einschläfern! Du wirst keine zweite Chance bekommen. Also, hör auf meine Worte. Du könntest ein lässiges Leben führen, aber es kommt auf dich an. Steig endlich von deinem hohen Ross.«

»Ich danke dir für deine Ratschläge, aber alles, was ich will, ist meine Freiheit. Und ich will in meine Heimat. Punkt. Das ist doch nicht so schwer zu verstehen.«

»Finde dich mit deinem Schicksal ab. Mach das Beste draus, mehr kannst du nicht gewinnen. Die Menschen hier mögen ein bisschen loco sein, aber die meisten sind gut. Manchmal etwas ungeschickt, aber selten richtig bösartig. Man darf ihre Geduld nur nicht überstrapazieren. Und deine Madame ist doch gar nicht so übel. Sie gibt sich Mühe. Das solltest du auch tun.«

»Ich hänge mein Fähnchen nicht in den Wind, Scooter. Das mag für einen Streuner wie dich vielleicht von Vorteil sein, aber ich bin dafür nicht gemacht. Ich bin geboren, um zu herrschen.«

Scooters Augen wurden immer größer, dann fing er an zu lachen. »Ha ha, geboren, um zu herrschen?! Ich krieg mich nicht mehr ein. Das Einzige, worüber du noch herrschst, sind deine Fürze. Diplomatisches Geschick geht dir wohl völlig ab.«

»Weißt du, ich kann deinem Humor nicht viel abgewinnen«, gab ich zurück. »Ich sehe nicht ein, warum ich mich für einen Zweibeiner zum Clown machen soll. Soll ich so werden wie die da oben auf der Wiese? Die rennen den Menschen hinterher und haben vergessen, wer und was sie sind. Du kennst doch Fluse? Wer könnte ein Interesse daran haben, so zu enden wie sie?«

»Jetzt halt mal den Ball flach, João! Erstens: Sehe ich so aus, als könnte ich wie Fluse enden? Wohl kaum. Und nur, weil deine Vorfahren mehr Schiffe hatten als Verstand, gibt dir das noch lange nicht das Recht, über das Leben anderer zu richten. Immerhin ist Portugal heute auch nicht mehr das, was es mal war. Die Zeit der großen Eroberungen ist vorbei – ja, da staunst du, auch ich lese Zeitung. Und im Übrigen: Du bist genauso arrogant wie die da oben auf der Wiese! Du predigst Wasser und säufst selber Wein! Und noch etwas: Fluse ist zu einfältig, um unglücklich zu sein über Schleifchen im Haar, Hundeshampoo und Klingelbällchen. Also lass ihr ihren Frieden.«

Mir sträubte sich das Nackenfell, Alfonso, aber Scooter sah darüber hinweg und fuhr fort: »Sagt man nicht über euch Möpse, und du versicherst mir ja täglich, du wärest einer, ihr hättet dreiunddreißig verschiedene Gesichtsausdrücke, um euch einen Menschen gefügig zu machen?«

»Dreizehn, es sind lediglich dreizehn sehr wirkungsvolle …«

»Und wie sehen die aus? Mach mal vor, vielleicht funktioniert's ja …«

»Das ist ein Mopsgeheimnis und wird nur …«

»Okay, okay, hätt' ich mir ja denken können. Hauptsache, du weißt Bescheid. Dann mal los, mein Lieber. Bis jetzt bist du, was den Umgang mit deinem Menschen angeht, die komplett talentfreie Zone. Anstatt immer nur dein Maul aufzureißen, mach mal deinen Verstand geschmeidig. Man sieht sich.«

Spricht so ein Freund, Alfonso? Der alte Strandläufer legte es darauf an, mich zu beleidigen, aber eine gewisse Dankbarkeit ihm gegenüber – ist er doch der Einzige, der überhaupt je ein freundliches Wort an mich gerichtet hat – hatte mich davon abgehalten, ihm die Ohren abzubeißen. Ich ließ diesem Hofnarren gegenüber Gnade walten, und er zog mit seiner Herrin von dannen.

Von der oberen Wiese hörte ich die anderen johlen, die eben dabei waren, einen alten Fußball in Stücke zu reißen. Waren auch sie einfältig genug, um glücklich zu sein? Geht es letztendlich nur darum, seinen Verstand an der Garderobe abzugeben, um in diesem Land am Leben zu bleiben? Scooter hatte das offensichtlich nicht getan, er sah genau, was vor sich ging, und lavierte sich mit seiner halbgaren Philosophie durch. Machte er einen glücklichen Eindruck? Ich könnte sagen, ja, wenn man einen vollen Magen und die Abwesenheit von Unglück schon für Glück hält. Aber ein Dom João ist in der Lage, tiefer zu blicken, und wenn ich in Scooters Augen schaue, Alfonso, dann sehe ich dort seine verzweifelte Sehnsucht nach dem Strand der Costa Brava.

Seine Worte hallten noch lang in meinen Ohren wider, und so trottete ich auf dem Weg nach Hause hinter Madame her und überließ es ihr, die Strecke zu sichern. Und was soll ich dir sagen? Als wir wieder zuhause waren, massierte sie mir den Nacken, nannte mich »ihren kleinen Mopskotzbrocken«, und ich bekam ein Stück geräucherten Schinken. Ich war viel zu überrascht, um beleidigt abzulehnen.

10. September

Alfonso, mein Freund, höre, was ich zu berichten habe: Ich weiß genau, dass Scooter nicht ganz richtig im Kopf sein kann. Stell dir nur vor, ich bin gestern in der Hundeschule gewesen. Es ist gar nicht so, wie Scooter es beschrieben hat. Es gibt gar keine Würge- oder Stachelhalsbänder und auch keine Stromstöße. Ganz im Gegenteil – es gibt Geflügelwurst! Das glaubst du nicht? Ich konnte es auch nicht fassen. Aber alles der Reihe nach: Meine Madame unterbrach mein Frühstücksnickerchen, packte mich ins Auto, und es ging in wilder Fahrt in einen Vorort. Mir war nicht wohl bei der Sache, als wir in einer mir völlig fremden Straße parkten und ausstiegen. Madame begrüßte eine andere Frau, die, wie ich am Geruch ihrer Hosenbeine feststellte, die Chefin von vier Hunden war. Sollte ich etwa weiterverkauft werden? Es sah ganz danach aus. Die Frau hörte meiner Madame zu, die sich lang und breit über mich ausließ – ich habe nicht alles verstanden, Alfonso, aber offensichtlich prahlte meine Chefin mit meiner Kampfbereitschaft. Vielleicht suchte die Frau einen Wachhund – anders konnte ich mir das nicht erklären.

Die Dame machte ein sehr nachdenkliches Gesicht

und sagte: »Sie haben Recht, Leinenaggression. So kann es nicht weitergehen. Ihr Hund hat ein Dominanzproblem. Das macht Sie nicht froh, aber ihn auch nicht. Das ist Stress für Sie beide.«

Ich habe was?!, dachte ich. Leinenaggression?! Dasselbe Wort, das auch die Dickmadame benutzt hatte. Oh, mein Verhalten hat also einen Namen – als wäre ich von einer Krankheit befallen! Leinenaggression – ja, was würden Sie denn sagen, wenn man Ihnen plötzlich einen Strick um den Hals legt, der ihre Bewegungsfreiheit immens einschränkt!, hätte ich am liebsten gerufen. Wie soll man sich unter Hunden denn noch ordentlich begegnen? Am Hinterteil schnüffeln, um herauszufinden, mit wem man es zu tun hat?! Stattdessen muss man frontal auf einen Artgenossen zugehen, was nicht, und ich wiederhole es gern, ÜBERHAUPT nicht unserer Etikette entspricht. Ich war, wie du dir denken kannst, Alfonso, erschüttert.

Meine Madame ruckte an der Leine, sagte: »Sitz!« und drückte mein Hinterteil herunter.

»Ts, ts … so ein kleiner Kerl, und so viel Ego«, sagte die andere Frau. »Dann wollen wir mal sehen, wie wir dem Problem entgegenwirken können.«

Und dann fiel es mir plötzlich wie Schuppen von den Augen – diese Frau wollte mich nicht kaufen, diese Frau sollte mich erziehen!

Als wir ins Haus gingen, stemmte ich mich mit allen vier Pfoten in den Boden – da drin hatte sie ihre Folterkammer, Alfonso, das musste ich ja schließlich denken, nach allem, was Scooter mir erzählt hatte. Madame zog an der Leine, meine Krallen schrammten über den gepflasterten Hof, und ich wurde über die Türschwelle gehievt. Wir durchquerten einen großen Raum und gingen durch eine weitere Tür in einen umzäunten Garten. Dort musste ich mich wieder hinsetzen, und dann hat die Lehrerin verschiedene Dinge hervorgeholt: einen Regenschirm, den sie direkt vor meiner Nase mehrmals auf- und zuklappte, eine Rassel, eine Autohupe, eine Fahrradklingel, dann ist sie mit dem Fahrrad um mich herumgefahren. Gänzlich unspektakuläre Sachen, wenn du mich fragst, Alfonso. Ich habe mir das alles genau angeschaut und mich eines Kommentars enthalten. Denn je ruhiger ich bleiben würde, desto weniger Folter, dachte ich, würde zum Einsatz kommen.

Als das Gerassel, Gehupe und Gequietsche endlich vorüber war, machte die Lehrerin ein zufriedenes Gesicht. Meine Madame erklärte ihr, dass diese Situationen ja auch nicht das Problem seien, sondern meine Artgenossen.

Ich hätte auch noch nie davon gehört, dass ein Fahrrad einen Hund gebissen hätte. Warum sollte ich mich über einen Drahtesel also aufregen? Mir kam die Situation ziemlich bizarr vor. Da stehen zwei erwachsene Zweibeiner und traktieren den König von Vila do Santo Chouriço mit einer Kinderrassel?! Um was genau herauszufinden? Ich weiß es nicht. Das Wort, das die Lehrerin benutzte war: Stressresistenz.

Wäre mein Vater, Dom João 27. nicht längst gestorben,

hätte er sich beim Anblick, den die Lehrerin und meine Madame bei ihrem Stressresistenztest boten, totgelacht. Schließlich hat er mich für den Straßenkampf ausgebildet! Sie hätten auch versuchen können, einen Fremdenlegionär mit einer Wasserpistole zu erschrecken.

Aber ich war auf der Hut, Alfonso. Scooters mahnende Worte noch im Ohr, erwartete ich dennoch das Schlimmste. Schließlich fängt alles mal klein an – auch die größten Katastrophen.

Sie brachten mich zurück ins Haus in einen sehr großen Raum. In der hinteren Ecke befand sich eine Art Gefängniszelle. Darin saß ein großer kartoffelfarbener Labrador, der mich unverwandt ansah. Ich wollte ihn eben fragen, warum er eingesperrt war, da stopfte mir die Lehrerin schon das Maul. Mit Geflügelwurst!

Und wie du weißt, bin ich wohlerzogen. Mit vollem Mund spricht man nicht. Die Kartoffel wandte sich ab und drehte mir den Rücken zu.

»Hey, du da! Ich bin Dom João, der Achtund…«, brachte ich eben noch hervor, da landete die nächste Portion Wurst zwischen meinen Zähnen.

»Egal wer du bist. Halt einfach die Klappe, umso schneller ist deine Trainingsstunde rum, und ich kann weiterschlafen«, grunzte der Labrador.

»Ich wollte nur höflich sein«, sagte ich und hatte schon wieder das Maul voll Wurst.

Die Lehrerin erklärte dazu: »Er muss lernen, dass der Anblick von Artgenossen etwas Gutes ist. Wir drehen sozusagen seine Reaktion um. Wenn also ein Hund in seine Nähe kommt, regnet es Wurst. Später wird er immer denken, es regnet Wurst. Allmählich wird die Aggression dadurch verschwinden, denn er verbindet ja dann mit der Zeit seine Kollegen mit Wurst.«

HAHAHAHAHAHAHAHAHAHAHA … Alfonso, hast du genau verstanden?

Ich sage etwas, und schon landet etwas Leckeres bei mir. Ich muss mich gar nicht anstrengen. Wie du dir denken kannst, werde ich einen Teufel tun und meinen Geist verdrehen lassen. Und nur weil der Dicke seine Ruhe haben will, verzichte ich doch nicht auf die Wurst!

Als Madame sich verabschiedete, war mein Magen zum Platzen voll. Was für ein Tag!

Und nun die allerbeste Nachricht: Die gnädige Frau trägt jetzt selbst einen Vorrat an Geflügelwurst in ihrer Jackentasche herum, und wann immer wir einen Artgenossen sehen, wandert die Wurst in meinen Rachen. Ich darf nur nicht vergessen, mich zwischen zwei Happen wie ein Wilder aufzuführen – so ist der Nachschub gesichert. Auf die Dosierung kommt es an! Und wenn hier einer glaubt, ich sei bestechlich – also, bitte!? Auf so einen Unsinn können auch nur die Menschen kommen. Was meinen die denn, wie unsere Mütter und Väter uns erziehen? Bestimmt nicht mit Geflügelwurst! Was mein Vater El-Rei Dom João, 27. befahl, war Gesetz. Um nichts in der Welt hätte es ein Rudelmitglied jemals gewagt, seine Befehle infrage zu stellen. Er hatte von Geburt an die Ausstrahlung eines Königs – und ich habe sie geerbt, wie du weißt. Und nie hätte jemand für angemessenes Verhalten erwartet, von ihm mit mehr belohnt zu werden als der Duldung im Rudel. Da kennt jeder seinen Platz – und wenn nicht, wird er es büßen.

Aber bitte sehr, wenn die Menschen meinen, dass sie auf dem richtigen Weg sind – ich werde es ihnen nicht ausreden. Sollen sie mich nur mit Wust füttern bis ans Ende aller Tage. Zur Not fange ich auch noch an, die Küchenstühle anzubellen.

Scooter traute seinen Augen und Ohren nicht, als wir uns am Ententeich trafen und ich ihm die Wahrheit über die Hundeschule sagte. Zur Bestätigung führte ich ihm auch sofort vor, wie es geht. Kaum dass einer unserer Artgenossen in Sicht kam, rief ich: »Hey, guck mal, hier gibt's Wurst!«, und noch nicht ganz ausgesprochen, erschien Madames gefüllte Hand vor meinem Maul.

Scooter hat mich beglückwünscht. Von der Wurstschule hatte er noch nie etwas gehört. Ich konnte mir nicht verkneifen, ihn darauf hinzuweisen, dass er ja gern den Coolen spielen darf, aber dass er noch lange nicht alles weiß. »Guck mal, da kommt Felix«, raunte ich ihm zu. »Jetzt zeig ich dir was.«

Ich warf mich ins Brustgeschirr und rief, so laut ich konnte: »Krummbeiniger Furzer. Guck, was passiert, guck genau hin! Los!« Weiter kam ich nicht, weil ich kauen musste. Felix drehte mir das Hinterteil zu und wackelte seiner Dickmadame hinterher. Auf der oberen Wiese sammelten sich mittlerweile die anderen am Zaun und schauten zu uns herunter. Ich schlug vor Vergnügen einen Salto, stieß alle Schimpfwörter hervor, die mir in den Sinn kamen, und verputzte ein Wurststück nach dem nächsten. Die gnädige Frau geriet beinahe in Atemnot und hatte Schweißperlen auf der Stirn.

Als die Gaffer auf der oberen Wiese endlich aufgaben und ich meine Darbietung mangels Publikum beendete, lachte Scooter und warf sich auf den Rücken.

Meine Madame warf ihm die Reste der Wurst zu und setzte sich erschöpft ins Gras. Ich war sowieso schon satt.

»Und wie oft gehst du da jetzt hin?«, fragte er. Und ich glaube behaupten zu können, dass er etwas neidisch war.

»Zweimal in der Woche. Aber weißt du, so eine Schule würde ich auch jeden Tag besuchen. Der Labrador ist so ein Holzkopf – ich würde nicht ruhig daneben stehen, wenn ein anderer Wurst bekäme. Außer du natürlich.«

»Wer weiß, womit die Lehrerin ihn bestochen hat?«, sagte Scooter nachdenklich. »Vielleicht kriegt er die Lammkeule und du nur die Wurst?«

Und schon war bei mir der Keim des Zweifels gesät. Was, wenn es so wäre? Ich würde ihn das nächste Mal fragen, sofern ich dazu käme. Was musste man veranstalten, um an eine Lammkeule zu kommen? Einen Menschen anfallen? Kein Problem, die Waden der Dickmadame würde ich liebend gern mit meinen Zähnen traktieren.

Als die gnädige Frau sich von Scooters Chefin verabschiedete, sah sie erschöpft aus. Scooters Herrin lächelte ihr aufmunternd zu und sagte: »Das wird schon noch. Sie haben ihn ja noch nicht so lange. Wer weiß, was er alles erlebt hat. Der wird noch ruhiger werden. Seltsam ist nur, dass er sich mit Scooter so gut versteht.«

Madame runzelte die Stirn. »Ich weiß nicht, ob das mit der Leckerlimethode so hinhaut. Die Trainerin sagt, dass man die Wurst geben muss, bevor er sich aufregt, aber so schnell bin ich ja gar nicht. Kaum dass er einen Hund sieht, geht er in die Luft … diese kleine Pelzbombe von einem Hund hat überhaupt keine Lunte. So schnell kann ich mich doch gar nicht bücken, um ihn mit Wurst abzulenken. Außerdem tanzt er ja auch noch rum wie ein Derwisch. Und ich kann meine Augen auch nicht überall haben …«

Ich guckte sie an und legte den Kopf schief. »Das weiß ich, Madame – und das macht es ja gerade so lustig.«

14. September

Der Asphalt ist heiß wie die Hölle und quält meine Pfoten, Alfonso. Die Ausdünstungen der Autos und Busse zersetzen meine Nasenschleimhäute, und die fauchende U-Bahn schwitzt ihre Miasmen durch die Kanaldeckel auf den Platz vor dem Rathaus aus. Man könnte schier ohnmächtig werden. Nirgendwo ein Atemzug frischer, klarer Luft. Wer, außer einem Menschen, käme auf die Idee, sich unter diesen Umständen zu einem Spaziergang aufzumachen?

Während ihr, meine Freunde, vermutlich unter der Bank vor dem Hause des alten Oliveira liegt, euch von seinem Singsang, mit dem er seine Kugelschreiber zählt, sanft in den Mittagsschlaf hinüberleiten lasst, den frühen Abend vor Augen, der einem kurzen Abstecher zur Mercado Municipal gewidmet sein wird, wo ihr ein paar leckere Fischköpfe und einen Kanten liegen gebliebenen Käses als Vorspeise nehmen könntet, um die Zeit zu überbrücken, bis sich im A Traineira allmählich die Mülltonne füllt, bleibe ich mit meinen Pfoten auf dem stinkigen Asphalt kleben. Ich weiß nicht, was Madame damit bezweckt, aber sie klappert diverse Geschäfte ab. Sie fragt die Ladenbesitzer, ob sie ein Plakat aufhängen darf. Ich wusste gar nicht, dass sie noch einen anderen Job hat als den, vor ihrem Computer zu sitzen und Worte hineinzufüllen. Die Menschen in den Läden sind sehr nett, und ab und zu bekomme ich einen Hundekeks, wie sie das hier nennen. Ich lasse mich nicht lumpen und nehme einen, damit Madame ihre Plakate loswird. Auch sind die Kekse eine willkommene Abwechslung zur ewigen Geflügelwurst. Das ist ja das Dilemma mit dem Überfluss und den Leckereien – wenn man sie täglich aufgedrängt bekommt, wird man ihrer überdrüssig.

Nach zwei Stunden des Umherziehens waren wir endlich wieder zuhause, und ich konnte mich auf den kühlen

Holzfußboden legen, während die gnädige Frau im Badezimmer herumwirtschaftete. Der Gedanke an die Geflügelwurst verfolgte mich noch immer, und dann erinnerte ich mich an meinen Urgroßvater, Camôes III., den großen Trovador, der uns, als wir noch Kinder waren, immer dieses kleine Lied gesungen hat:

»Oh Mops, die guten Dinge halt in Ehren,
nur täglich nimm sie nicht, will ich dich lehren.
Wer immerzu in Schinken schwelgt, sich bald darauf
mit Schmerzen quält.

Oh Mops, die guten Dinge halt in Ehren,
nimm maßvoll sie, und lass dich lehren,
dass trocknes Brot in großer Not,
noch jeden hat bewahrt vorm Hungertod.

Wer gierig ist nach Leckereien,
wird seine Lust sehr schnell bereuen.
Sind erst die Beine kurz, der Körper dick –
dann findet dich kein Mädchen schick.«

Warum guckt sie jetzt wieder so entsetzt? Ich habe doch nur ein bisschen gesummt. Das ist doch kein Grund, mit Badewasser zu werfen. »Madame, mein Pelz wird nass!«

18. September

Alfonso, mein Freund, die Geflügelwurst hängt mir zum Halse raus. Mir ist zum Speien zumute, wenn ich sie nur rieche. Wenn ich aber jetzt aufhöre, meine Tänzchen aufzuführen, wenn ein Artgenosse vorbeikommt, wird die Madame denken, sie hat gewonnen. Was ist das für eine absurde Zwickmühle, in die ich mich gebracht habe? Oder sie mich? Ist es möglich, dass die Lehrerin einen so perfiden Plan gegen mich geschmiedet hat? Es kann doch nicht sein, dass es darauf hinauslaufen soll, dass ich nichts mehr sage, um der Wurst zu entgehen?!

22. September

Alfonso, ich muss arbeiten gehen. Du wirst jetzt sagen, dass das unter der Würde eines Dom João ist. Grundsätzlich würde ich dir zustimmen, aber die Perspektive, die meine neue Tätigkeit mit sich bringt, ist nicht so schlecht. Ich will es dir erklären.

Ich hatte dir doch berichtet, dass Madame durch die Stadt gelaufen ist und Plakate verteilt hat. So wie es Oliveira immer macht, wenn er die Öffnungszeiten für sein Museum ändert. Zweimal im Jahr, du wirst dich erinnern. Niemand nimmt davon Notiz, und doch tut er es … Aber ich schweife ab.

Die gnädige Frau kam eines Abends nach Hause, holte

etwas aus ihrer Tasche und tat so, als sei Weihnachten und Ostern auf einen Tag gefallen. Ich dachte, sie gibt mir meinen Pass zurück oder schenkt mir die Freiheit, so feierlich tat sie. Aber was hatte sie in der Hand? Eine Augenklappe, Alfonso. Die streifte sie mir über den Kopf und platzierte das Ding auf meiner leeren Augenhöhle. Dabei strahlte sie über das ganze Gesicht, als hätte sie in der Lotterie gewonnen. Ich streifte die Augenklappe mit der Pfote sofort wieder ab. Madame verzog das Gesicht und sagte: »Lass doch mal. Wir müssen arbeiten, und die hab ich dir extra gekauft. Damit du aussiehst wie ein richtiger Pirat.«

»Pirat, Pirat! Die Joãos waren und sind keine Piraten, wir waren in königlichen Diensten, und nach einem königlichen Dienst sieht das hier nicht aus, gnädige Frau. Sie reden von Arbeit! Das ist was völlig anderes. Arbeit ist Fron. Dienst für das Königreich ist Ehrensache. Arbeiten kann schließlich jeder, der Geld verdienen muss. Zum Dienst muss man berufen sein.«

Sie stülpte mir die Augenklappe wieder über. »Steht dir hervorragend. Und hier ist noch ein Halstuch.«

Und tatsächlich legte sie mir ein dreieckiges Bäffchen um, das den Totenkopf mit den gekreuzten Knochen zeigte.

»Was soll das werden? Der Carnaval ist lange vorbei. Ich bin doch kein Clown.«

»Feiiiiiin sieht das aus, Herr Schröder. Superschick!«

Ich streifte die Augenklappe wieder ab und knurrte. Madame wich vor mir zurück. Nicht dass ich sie hätte beißen wollen, aber was zu weit geht, geht zu weit, Alfonso. Nach weiteren erfolglosen Versuchen ihrerseits, mir die alberne Verkleidung schmackhaft zu machen, ließ ich es um des lieben Friedens willen zu, dass sie mir das Halstuch umlegte.

»Wenn Sie eine Anziehpuppe zum Spielen wollen, Madame, dann kaufen sie sich ein Plüschtier. Das macht alles mit«, sagte ich und verzog mich in mein Körbchen.

»Tja, die Lesesaison hat begonnen, aber meine kleine Pelzwurst hat wohl keinen Sinn fürs Geschäft«, murmelte sie, als sie die Augenklappe in eine Schublade legte.

»Lesesaison? Was für eine Lesesaison, Madame? In Vila do Santo Chouriço hat vor ein paar Tagen die Sardinha-Saison begonnen. Das ist was für mich. Stellen Sie einen kleinen Grill vor die Tür, und bereiten Sie Sardinen zu – mit ein wenig Zitronensaft und Knoblauch und Rosmarin. Dann können wir über diese alberne Kostümierung vielleicht noch mal sprechen.«

Die gnädige Frau ignorierte meinen Vorschlag, bepackte das Auto, und dann fuhren wir los. Mir war ein bisschen übel von der Wurst, die sie den ganzen Tag über in mein Maul gestopft hatte, und von der Vorstellung, wie ein drittklassig ausstaffierter Freibeuter zukünftig irgendeiner noch nicht näher benannten »Arbeit« nachgehen zu müssen. Und nicht zu vergessen, fuhr sie wie ein Pirat, das Auto schlingerte in jeder Kurve, als wären wir vor dem Kap der guten Hoffnung in schwere See geraten. Ich schickte ein stummes Gebet zu meinen Vorfahren. Wir

Joãos sind zwar alle seefest, aber die Fahrweise von Madame verlangt mir zuweilen alles ab. Nicht auszudenken, ich würde den Wünschen meines Magens – sich auf der Stelle zu erleichtern – nicht Einhalt gebieten können.

Ich war dann auch sehr froh, dass wir nach kurzer Zeit vor einem Geschäft anhielten, das voller Bücher war. Madame schleppte zuerst eine Kiste in das Geschäft und ließ mich im Auto sitzen. Nun, dachte ich, liefert sie etwa all die Buchstaben, die sie in ihre surrende Kiste gefüllt hat, jetzt hier wieder ab? Nun, so ähnlich, Alfonso.

Nachdem das Auto entladen war, wurde auch ich endlich in den Laden geführt. Die gnädige Frau schob mein Körbchen unter den Tisch, der frontal vor vielen Reihen leerer Stühle aufgebaut war. Auf dem Tisch war eine Decke ausgebreitet, die bis fast auf den Fußboden hinunterhing. Ich setzte mich in meinen Korb und lugte unter der Decke hervor. Schließlich wollte ich wissen, wie es weitergehen würde. Was hatte die Madame vor? Und dann fiel mein Blick auf das Plakat, dem ich damals, als Madame es verteilt hatte, keine besondere Aufmerksamkeit geschenkt hatte. Darauf war eine Person abgebildet, die nur sehr entfernt Ähnlichkeit mit der gnädigen Frau aufwies. Das schien hier aber niemandem etwas auszumachen. Offensichtlich war die Ladenbesitzerin sehr froh darüber, dass wir da waren, egal wie Madame nun in Wahrheit aussah. Oder sie ließ sich ihre Enttäuschung nicht anmerken.

Nach und nach füllte sich der Raum mit sehr vielen Menschen. Es waren vornehmlich Frauen jeglichen Alters. Sie zeigten mit dem Finger auf mich und tuschelten, als sie mich dabei beobachteten, wie ich die Nase unter der Decke hervorstreckte. Endlich war auch der letzte Platz besetzt, und die Frau, der das Geschäft gehörte, sprach in ein Mikrophon und hieß alle herzlich willkommen. Applaus brandete auf. Ich hielt meinen Einsatz für gefordert und kam unter der Tischdecke hervor, um die Ovationen entgegenzunehmen. Die Leute brachen in schieres Entzücken aus. Meiner Madame dagegen schien meine kleine Einlage nicht zu gefallen. Sie drohte mir mit dem Finger, zog mich wieder unter den Tisch und schlang meine Leine um ein Tischbein.

Dann endlich bedankte auch sie sich für das Erscheinen des Publikums, setzte sich hin und schlug ein Buch auf. Ich war überrascht und erfreut und hatte für einen kleinen Augenblick die Hoffnung, sie würde etwas von Pessoa vortragen. Mir zu Ehren, oder zu Ehren meines Heimatlandes. Aber weit gefehlt.

Es handelte sich um ein Buch über eine Frau, die ziemlich viel Pech gehabt hatte in ihrem Leben, worüber das Publikum sehr lachte. Na ja, das Werk war weder tiefgründig noch war es literarisch wertvoll, was ich sehr bald bemerkte. Aber den Anwesenden schien es zu gefallen. So sind sie, die Menschen – sie lachen gern über das Unglück anderer, die sie noch nicht einmal kennen, gar nicht kennen können, weil meine Madame sich diese Frau, um die es ging, bestimmt nur ausgedacht hatte. Wenn sie eine Freundin des Hauses gewesen wäre, hätte ich sie bestimmt schon getroffen. Was soll ich sagen, Alfonso … Ich wundere mich über gar nichts mehr, auch nicht über Menschen, die über Dinge lachen, die gar nicht wirklich passiert sind.

Als in der Geschichte auch noch eine Leiche auftauchte, fielen mir die Augen zu.

Ich wurde wach, als Madame mich unsanft anstieß und sagte: »Herr Schröder, hören Sie doch bitte mal auf zu schnarchen.«

Das Publikum lachte. Kein Wunder, ein echter schnarchender Mops schlägt erfundene Leichen um Längen. Ja, lass sie nur ihren Spaß haben, dachte ich, wälzte mich auf die andere Seite, und bald hatte mich die Stimme der gnädigen Frau wieder in den Schlaf getrieben. Wo eine Leiche ist, taucht auch schnell noch eine weitere auf, dann kommt ein Polizist, und am Ende wird alles gut. Hat man einen Kriminalroman gelesen, kennt man alle, hatte mein Urgroßvater, der Trovador immer gesagt. Er musste es ja wissen, sein Revier lag direkt neben der Biblioteca Pública, und das kaputte Kellerfenster war niemals repariert worden.

Kaum war ich wieder weggedöst, holte mich erneuter Applaus aus meinen Träumen. Die Leute kamen an den Tisch, kauften Bücher, und Madame musste ihren Namen hineinschreiben. Ich lugte unter der Tischdecke hervor und sah jede Menge Hosenbeine und Schuhe. Ich hörte, wie die Leute sich bedankten, und dann gingen alle nach Hause. Madame sagte: »Tja, Herr Schröder, du hast die Krabbenhäppchen leider verpennt.«

»Und Sie haben verpennt, richtig schreiben zu lernen. An Pessoa reichen Sie nicht heran. Sie schreiben Geschichten über Leichen und stricken ein paar Witzchen drum herum und glauben, es wäre Literatur. Wissen Sie, dass mein Urgroßvater, der große Trovador und Poet, Camões der Dritte, das von Ihnen bevorzugte Genre für so trivial hielt, dass er noch nicht einmal einen Zweizeiler dazu gesungen hat? Na ja, für die Leute scheint es ja zu reichen.«

»Was ist denn jetzt wieder los?«, murmelte sie und wollte mich ins Auto heben. Leider tat mein Magen das, was er schon vor Stunden hatte tun wollen. Ich hatte keineswegs die Krabbenhäppchen »verpennt«, wie Madame geglaubt hatte. Eine ältere Dame, die mir Komplimente wegen meines Halstüchleins gemacht hatte, war in der Pause so freundlich gewesen und hatte mich am Büffet teilhaben lassen. Gesichtsausdruck Nummer 3 und 4 – Stirn runzeln, dann die Augen ganz groß und rund machen und als Verstärkung Hüsteln und die linke Oberlippe einklemmen. Es hatte sehr, sehr gut funktioniert. Ich fand allmählich Gefallen an der neuen Arbeit.

Die gnädige Frau verzog das Gesicht und wartete, bis ich mich auf dem Asphalt restlos entleert hatte.

»Ottos Mops kotzt, und sieh mal da: Krabbenhäppchen«, sagte sie amüsiert. Ich konnte beileibe nichts Lustiges daran finden, dass mein Magen sich auf links drehte und Madame nun ihren Hang zur Schadenfreude an mir ausließ.

»Das kommt nicht von den Krabbenhäppchen. Ich finde einfach Kriminalromane unverdaulich. Da sehen Sie mal, was Sie mit Ihrer Lesesaison angerichtet haben«, knurrte ich. »Von Literatur, die es wert wäre, so genannt zu werden, und Sardinen vom Grill wäre mir niemals schlecht geworden. Und außerdem hätte ich jetzt gerne einen Napf mit Wasser.«

24. September

Ich leide unter Verdauungsbeschwerden, und die Madame hat bereits Ringe unter den Augen. Was soll ich denn machen, wenn meine kranken Eingeweide nächtens zur Entleerung drängen? Zuweilen weiß ich gar nicht, wo es zuerst rauskommen will. Ich weiß nur, dass es in der Wohnung nicht rauskommen darf! Da kann ich doch keine Rücksicht darauf nehmen, dass die gnädige Frau im Bett liegt und schlafen will.

Ein Gutes hat mein Unwohlsein – ich muss nicht in die Hundeschule, und Wurst gibt es auch keine mehr. Muss ich also meinem Darmgrimmen auch noch dankbar sein, dass es mir gestattete, diese absurde Wurstsituation ohne Gesichtsverlust beendet zu haben?

26. September

Es gibt nur noch Reis und Wasser.

28. September

Immer noch Reis, Reis, Reis. Ich bekomme Schlitzaugen. Aber meine Gedärme haben sich wieder etwas beruhigt. Wenn mein Urgroßvater mich jetzt so sehen könnte, er würde sagen: »João, du hast mir nicht richtig zugehört.« Und dann würde er das Lied noch einmal singen.

30. September

Alfonso mein Freund, es wird dich freuen zu hören, dass es mir wieder besser geht. Zum Reis ist jetzt ein wenig gekochtes Huhn hinzugekommen. Es zwackt zuweilen noch in meinem Bauch, aber die Madame muss ich nicht mehr aus dem Bett werfen, damit sie mir die Tür öffnet, was sich positiv auf ihre Laune auswirkt. Menschen müssen durchschlafen, sonst sind sie zu nichts zu gebrauchen – Schlafentzug führt bei ihnen unweigerlich zu Reizbarkeit, Vergesslichkeit und letztendlich Irresein. Wenn ihre Urahnen in freier Wildbahn so ein Schlafverhalten an den Tag gelegt hätten, wären die Säbelzahntiger heute die Herren der Welt. Wer zu tief schläft, schläft bald für immer, sagt ein altes Sprichwort. Haben die Menschen deswegen, kaum dass sie das Wort Bequemlichkeit in ihren kalten Höhlen auch nur denken konnten, damit begonnen, darüber nachzudenken, dass es Wände und eine verschließbare Pforte braucht, um sich ungestört einem achtstündigen Nickerchen hingeben zu können? Alfonso, ich wage es, die These aufzustellen, dass nicht das Rad die Zivilisation beschleunigt hat, sondern die Erfindung einer gepolsterten, bequemen Bettstatt, auf der es sich im Warmen liegen lässt. Nass ist so ein Bett natürlich nicht von Nutzen, also erfanden die Menschen etwas, das sie »ein Dach über dem Kopf« nennen. Als sie das erstmal hatten, konnten sie so lange schlafen, wie sie wollten, egal wie das Wetter sich gebärdete oder ob ein Bär vor der Tür stand. Dadurch haben sich ihre Sinnesorgane so weit zurückgebildet, dass es gerade noch reicht, eine verdorbene Wurst am Geruch zu erkennen und von der Straße zu gehen, wenn der Bus herannaht. Und oft noch nicht einmal das.

Der noch höhere Preis, den die Zweibeiner zu bezahlen haben ist der, dass sie sich Dinge herbeiträumen, mit denen sie ihre Wohnstatt füllen: Lampen, Fernseher, Computer, Radios und Badezimmer. Weswegen die Menschen seit Tausenden von Jahren ihre Zeit damit verbringen müssen herumzurennen, um sich all das zu beschaffen. Die Angst vor einem nassen Bett steht ihnen sozusagen seit der Steinzeit ins Gesicht geschrieben. Ist das nicht entsetzlich lächerlich, Alfonso?

Du könntest jetzt einwenden, dass wir es ja auch gerne

bequem haben und ich schließlich alles darangesetzt habe, in Madames Bett zu schlafen. Das ist richtig, Alfonso. Aber: Mein Lebensglück hängt nicht davon ab – ein Hund schläft überall, wenn es sein muss. Hätten wir uns sonst von der Arktis bis nach Südafrika verbreiten können? Wir schlafen im Schnee und in brütender Hitze, und nichts wird uns dazu bringen, einem Bett nachzuweinen. Ich hoffe, du verstehst diesen gravierenden Unterschied.

Ich arbeite jetzt verstärkt mit den 13 Gesichtsausdrücken, die mein Vater, Dom João, 27. mir einst beigebracht hat. Du weißt, dass das zur Grundausbildung gehörte, aber ich hätte nie gedacht, dass ich einmal in so hohem Maße darauf angewiesen sein könnte. Wie bei allen Notafallübungen hofft man, dass man sie nie wird gebrauchen müssen. Außerdem hatte ich auch nie vor, mir einen Menschen für das tägliche Zusammenleben gefügig zu machen. Ein Leben als Haushund kam für mich nie in Betracht. Aber nach meinem ersten Erfolg im Buchladen habe ich fleißig weitergeübt. Nach ein paar Stunden waren die eingerosteten Kenntnisse dann wieder da, und Madame spricht sehr gut darauf an. Ich danke Gott auf Knien für die Erziehung, die ich durch meinen Vater und Tante Eulalia genießen durfte. Alte Weisheiten kommen eben nie aus der Mode.

Madame reagiert sogar so gut darauf, dass ich neuerdings jeden Abend neben ihr auf dem Sofa Platz nehmen darf, wenn sie sich etwas im Fernsehen anschaut. Seit meiner Auseinandersetzung mit Felix sind das vorzugsweise

Filme, in denen Hunde vorkommen. Aber nicht, was du jetzt denkst, Alfonso – sie schaut sich nicht Lassie an. Ich weiß, dass du den Film magst, weil Lassie so klug ist, aber in meinen Augen ist es eine Geschichte, die die allermeisten Missverständnisse über das Verhältnis zwischen Hunden und Menschen hervorgebracht hat. Zwischen Möpsen und Menschen erst recht, war doch ursprünglich einer der Meinigen für die Hauptrolle vorgesehen. Nun ja, das kann man nicht mehr ändern. Aber die gnädige Frau will offensichtlich etwas in unserer Beziehung ändern und guckt sich Filme an, in denen Hundetrainer die Hauptrolle haben. Allen voran ein etwas untersetzter Mann, der in der letzten Folge, die wir sahen, seine liebe Not mit vier toupierten Damen und ihren schneefarbenen Pudeln hatte, die fortwährend sangen – also die Damen, nicht die Pudel – und die Pudel machten, was sie wollten. Du kannst dir vorstellen, Alfonso, dass ich sehr viel Spaß hatte. Ich dachte mir, was, wenn dieser Mann auch zu uns käme? Vielleicht ruft die gnädige Frau ihn an und bewirbt sich mit mir für die Sendung. Dann würde ich endlich in aller Öffentlichkeit dafür sorgen, dass ich meine Meinung zu all dem hier sagen kann. Aber es sieht nicht so aus, dass es so weit kommt, und du mich im Fernsehen sehen wirst. Denn die Madame hat eine Serie gefunden, die offensichtlich mehr nach ihrem Geschmack ist. Sie kommt aus Amerika, in der ein kleiner mexikanischer Mann, den sie den Dog Whisperer nennen, unsere Artgenossen wieder auf Vordermann bringt. Gegen die

Probleme, die dieser deutsche Kerl zu verhandeln hat, hat es der Mexikaner mit Kalibern zu tun, gegen die Armani ein Waisenknabe ist. In dem Falle bin ich sehr froh, dass Madame ihn nicht anrufen und einladen kann, denn ich war beeindruckt zu sehen, wie viel er von unserer Sprache und unserer Art zu leben versteht. Würde ich mit ihm zusammentreffen, würde es wirklich spannend werden, denn er hat, was alle anderen nicht haben: die Aura der Könige. Dieser kleine Kerl ist ein geborener Rudelführer, genau so wie ich.

In diesem Hollywood, wo der Mann wohnt, sind alle noch viel verrückter als hier in Deutschland. Die meisten unserer Artgenossen dort leben in großen Häusern mit Gärten so groß wie Vila do Santo Chouriço. Das klingt zunächst ganz gut, aber sie haben ständig ein schlecht organisiertes Menschenrudel zu ertragen; es gibt dort keine Führungskraft, die die Leitung übernimmt – und du weißt, was dann passiert, Alfonso, dann geht es drunter und drüber. Denn wer nicht zum Rudelführer geboren ist, den wird eine solche Situation in den Irrsinn treiben. Ob die Menschen das nun wahrhaben wollen oder nicht.

Eine Episode erzählte von einer gänzlich verrückt gewordenen Nackthund-Dame, du weißt schon, die mit den Pinseln auf den Ohren. Sie konnte ihre Arbeit als Fotomodell für Hundeshampoo nicht mehr machen. Ihr Name war Tinkerbell und erinnerte mich sehr an die arme Fluse. Tinkerbells Nervenkostüm war so angegriffen, dass sie nur noch hysterisch durch die Wohnung sauste, über

Tische und Bänke ging und völlig unkontrollierbar alles und jeden ansprang, sogar die Fensterscheiben.

Ihre Chefin, nicht minder durcheinander, sauste ebenfalls wie ein Ballon, aus dem die Luft entweicht, im Zimmer hin und her, quasselte, ohne Luft zu holen, auf den Dog Whisperer ein und gestikulierte mit ihren dürren Armen in der Luft herum.

Tinkerbell tat mir leid. Und nicht nur das, Alfonso, ich konnte ja verstehen, was sie sagte, und ihre Not zerriss mir beinahe das Herz. Sie wollte nur weg von diesem wild gewordenen Brummkreisel von Mensch, was nur verständlich war. Du siehst, Alfonso, ich hätte es noch schlechter treffen können. Madame färbt mir weder die Ohren himbeerfarben noch muss ich für Hundeshampoo posieren, und ich werde auch nicht alle fünf Minuten auf den Schoß gehievt und betatscht, frisiert und gekämmt, abgeküsst, gebadet und mit Spielzeug zugeschüttet.

Als die Besitzerin von Tinkerbell mit ihrer Tirade geendet hatte, war endlich der Mexikaner dran. Ich wartete gespannt darauf, was er sagen würde.

Er sagte erstmal gar nichts. Ich staunte. Er schwieg für einen Menschen sehr lange. So lange, bis Tinkerbells Chefin von ganz alleine ruhiger wurde. Als er die Frau endlich so weit hatte, dass sie ihm auch zuhörte, sagte er: »Erlauben Sie Tinkerbell, ein Hund zu sein. Sie ist kein Mensch und kein Kind, und schon gar nicht ist sie ein Baby. Sie ist ein erwachsener Hund. Und wenn Sie mit Tinkerbell zusammenleben möchten, dann müssen Sie lernen, ein Rudelführer zu sein. Tinkerbell wird es Ihnen danken.«

Die Frau guckte so dumm aus der Wäsche, als der Mann diese schlichte Wahrheit aussprach, dass ich laut loslachen musste. Denn ich begriff, dass er gar kein Hundeflüsterer war, sondern ein Menschentrainer. Er versuchte wirklich, den Hunden zu helfen, indem er ihren Menschen erklärte, was ein Hund ist.

Ich sah auf Madames Gesicht ähnliche Ratlosigkeit sich breit machen wie auf dem von Tinkerbells Chefin.

»Da sehen Sie mal, auf was Sie sich eingelassen haben, gnädige Frau«, sagte ich. »Sie haben sich ein Wesen ins Haus geholt, für das Sie nicht gemacht sind, und Sie zwingen mir ein Leben auf, für das ich nicht gemacht bin. Ich bin kein Hausmops. Ich bin ein freier Rudelführer mit eigenem Revier … Aber ich rede mir ja schon seit Wochen den Mund fusselig …«

Madame sagte: »Aus, Schrödi.«

Ich schenkte ihr den Gesichtsausdruck Nummer 1, und sie kraulte mir den Bauch. Während der Mann im Fernseher erklärte, was ein Rudel ist und was es bedeutet, ein Rudelführer zu sein, schlief ich ein. Für mich war das nichts Neues.

Warum habe ich eigentlich noch keine eigene Sendung im Fernsehen?

Kapitel 5

5. Oktober

Die Tage fließen zäh wie schlechter Honig dahin. Sie wurden lediglich von einem kleinen Disput mit der Madame unterbrochen, bei dem es darum ging, wer nach ihr noch die Zeitungen lesen darf; offensichtlich nicht ich, denn sie war sehr wütend, als sie mein Archiv bemerkte, das ich mir neben meinem Korb im Arbeitszimmer angelegt hatte. Umgehend hat sie dafür gesorgt, dass die Zeitungen zukünftig unerreichbar für mich bleiben – du wirst es nicht glauben, Alfonso, auch für Papier gibt es eine extra Mülltonne. Damit bloß ja niemand auf die Idee kommt, sich an den Schlagzeilen von gestern zu bereichern. Ich musste mich also für meine Studien damit begnügen, noch mehr Filme mit Hundetrainern anzuschauen. Wovon es nicht eben wenige gibt, wie ich jetzt festgestellt habe. Im Grunde genommen könnte man zu dem Schluss kommen, dass die Menschen jede Menge Anstrengungen unternehmen, ihr Zusammenleben mit uns zu einer wahren Wissenschaft zu machen. Relativ fruchtlos, wenn man sich die Ergebnisse anschaut. Alle scheinen dann doch darauf zu warten, dass einer dieser Experten an einem Hund den Knopf entdeckt, auf den man drücken muss, damit er alles macht, was der Mensch von ihm erwartet.

Ich wünschte, meine Madame hätte einen Knopf, auf den ich drücken könnte, damit sie endlich die Tür aufmacht und zwei Minuten lang nicht aufpasst. Leider haben weder mein Vater, Tante Eulalia oder mein Onkel je darüber gesprochen – warum auch? Wir Joãos sind seit Generationen frei lebende Möpse. Uns standen immer alle Türen offen.

9. Oktober

Alfonso, mein Freund, ich musste zunächst einmal innehalten. Das mag wohl an der Zerrüttung meiner Nerven liegen. Hätte ich geahnt, wie sehr mir die Hunger-mit-Reis-Zeit zusetzen würde, ich wäre wachsamer gewesen. Außerdem hat das, was vorgestern passierte, die Grundfesten meiner Überzeugungen erschüttert. In zweierlei Hinsicht. Daher mein Zögern, dir die Ereignisse zu schildern. Du weißt, wann immer man peinliche Dinge zu berichten hat, schnürt es einem die Kehle zu. Man möchte es eigentlich gar nicht berichten, fühlt sich aber einem Freunde gegenüber zu absoluter Ehrlichkeit verpflichtet. Alfonso, wir wissen schließlich alles übereinander, nicht wahr? Wir haben uns immer die Wahrheit gesagt, so schmerzlich sie auch war.

Meine Madame war an besagtem Tage über eine von ihr nicht näher beschriebene Landpartie sehr aufgeregt. Dinge wurden in Papier eingepackt und im Auto verladen. Dann verbrachte sie sehr viel Zeit im Badezimmer. Als sie wieder herauskam, sah sie ganz anders aus – fast wieder so wie auf ihrem Plakat, mit dem sie ihre Lesungen anpreist. Auch hatte sie einen neuen Geruch aufgelegt. Nicht schlechter, eher verwirrend anders: nach Wiesenblumen, Heu, Orangenschale, den Afterdrüsen einer afrikanischen Schleichkatze und dem Harn der großen Stänkerin von oben als Dreingabe. Du glaubst es nicht, Alfonso? Ich übertreibe nicht.

Während der ganzen Fahrt hing die Duftwolke im Auto. Wir fuhren sehr lange, und ich versuchte, mir die Augenklappe, die ich an diesem Tag um des lieben Friedens willen zunächst akzeptiert hatte, über meine Nase zu ziehen.

Die Madame sah es und lachte laut. Sie schob das Ding wieder auf die leere Augenhöhle und sagte: »Du siehst total verwegen aus, Schrödi, wie Kapitän Jack Sparrow.«

»Nur dass dieses kleine Auto so gar keine Ähnlichkeit mit der Black Pearl hat«, murmelte ich und setzte Gesichtsausdruck Nummer 1 auf, den ich in dieser Situation für angemessen hielt. Da die Madame so vergnügt war, machte ich mir keine Sorgen, dass es doch noch zur Arbeit oder zur Hundeschule gehen könnte. Da wäre sie eher angespannt und nervös gewesen – besonders, wenn es zur Hundeschule ging. Ich glaube, sie hatte mehr Angst vor der Kritik der Lehrerin über meine nicht vorhandenen Fortschritte, die selbstverständlich dem Untalent von Madame angekreidet wurden, als ich. Meine Diarrhoe war auch für die gnädige Frau zum richtigen Zeitpunkt gekommen, denn so konnte sie meine erfolglosen Lehrstunden guten Gewissens absagen.

Wir fuhren eine Weile in Richtung Süden, dann ganz plötzlich von der schnellen Straße ab und durchquerten mehrere kleine Ortschaften. Alles sah ganz anders aus als in der Stadt. Alte schmucke Häuser und ruhige schmale Straßen. Hier und da döste eine Katze auf dem Trottoir oder in einem Hauseingang in der Sonne. Natürlich gab es auch hier keine Kacheln an den Außenwänden wie bei uns zuhause, aber die Menschen gaben sich wenigstens Mühe, ihre Häuser interessant zu machen – einige hatten mit Holzbalken und schneefarbenem Anstrich experimentiert, andere mit sehr gediegen aussehenden Schieferplatten, die den Häusern das Aussehen von großen grauen Fischen gaben. Auch konnte ich beobachten, dass es in den Dörfern wesentlich sauberer war als in der Stadt.

»Warum, Madame, wohnen wir eigentlich nicht hier?«, fragte ich.

Die Madame öffnete das Schiebedach. Nicht gerade eine Antwort auf meine Frage, aber die frische Luft tat mir gut. Sie roch nach Heu und Wald.

Ich genoss die Aussicht und ließ die gnädige Frau in

Ruhe, schließlich musste sie das Auto steuern. Und sie tat es wie immer mit einer Zigarette im Mund und dem Bleifuß auf dem Gaspedal. Die Häuser rauschten an uns vorbei, so schnell, dass meine Hinweise auf ein paar besonders gelungene Exemplare von der Zugluft hinweggetragen wurden. Schon bald sausten wir über noch kurvigere Straßen einen Hügel hinauf und in einen dichten Tannenwald hinein. Dieser Übergang geschah so abrupt, dass ich für einen Moment dachte, die Sonne hätte sich verfinstert, denn kaum im Wald angekommen, sank die Temperatur. Wir passierten eine kleine Kreuzung, Madame riss das Steuer herum, und dann rollte der Wagen aus dem Wald heraus, bog in einen schmalen Weg ein, der sich steil hinunter in ein Tal wand und unaufhaltsam auf ein Anwesen zuhielt. Es bestand aus einem großen Haupthaus mit Balken und sauber verputzten Wänden. Daneben gab es noch ein paar stattliche Wirtschaftsgebäude, eine große Wiese und einen Gemüsegarten, und etwas versteckt hinter Obstbäumen sah ich noch einen Teich. Einige Kinder standen bis zu den Knien im Wasser und versuchten Bälle in Gummireifen zu werfen, die auf dem Wasser schwammen.

Im Innenhof angekommen, Alfonso, erwarteten uns sehr viele Menschen. Sie gaben sich ausgelassen, wozu sie auch allen Grund hatten. Die Sonne schien. Musik war zu hören, und mehr braucht es wohl auch in diesem Land nicht, um ein Fest zu feiern.

Meine Madame gab die Dinge, die sie zuvor in Papier

gepackt hatte, der Herrin des Hauses, die sich offensichtlich sehr darüber freute und uns sofort den Weg zu den Nahrungsmitteln wies, die in einem ehemaligen Schuppen appetitlich auf großen Platten dargeboten waren. Jeder wurde aufgefordert, sich ohne Einschränkung zu bedienen.

Kaum hatte sich meine Nase in dem Überangebot von Köstlichkeiten zurechtgefunden, da erblickte ich unter einem der Tische zu meiner grenzenlosen Freude zwei Stammesbrüder, die sich aus einer achtlos auf dem Boden abgestellten Schüssel mit Nudelsalat bedienten.

»Hi«, sagte der eine und leckte sich die Mayonnaise von der Schnauze. Er trug eine Weste in tomatenfarbenem Schottenmuster.

»Hi«, sagte der andere und stellte sich schützend vor die Schüssel. Er hatte sein meerfarbenes Wams bereits ausgiebig mit Salatsauce bekleckert.

Ich sah über die etwas befremdlichen Tischmanieren der beiden jungen Möpse hinweg, deutete ein Kopfnicken an und stellte mich vor: »Guten Tag. Ich bin El-Rei Dom João, König der Straßen von Vila do Santo Chouriço, der Achtundzwanzigste aus dem großen Geschlecht der Joãos. Königliche Möpse einst im Dienst portugiesischer Herrscher und Entdecker, abstammend in einer Linie der Joãos …«

»Was sagt er?«, schmatzte der Meerfarbene.

»Weiß ich nicht«, antwortete der Tomatenfarbene. »Ich höre immer was von König.«

»Nachdem ich mich nun vorgestellt habe, dürfte ich erfahren, wer ihr seid, werte Brüder?«

»Jeeves und Wooster. Und woher weißt du, dass wir Brüder sind?«

»Ich bin Wooster. Wusste gar nicht, dass wir noch einen Bruder haben. Ha ha … Und schon gar nicht, dass du das bist.«

Jeeves lachte und stieß Wooster in die Seite. »Ha, ha … der und unser Bruder!«

»Und was ist jetzt so lustig daran?«, wollte ich wissen. Mir kamen die beiden ein wenig überspannt vor. Ich ging ein paar Schritte auf sie zu, nicht um mich am Nudelsalat zu bedienen, sondern um die beiden näher zu betrachten. Keine Frage, sie waren Möpse, aber reichlich klein gewachsen, sehr dick und sehr albern für unsere edle Rasse.

»Such dir eine eigene Schüssel«, sagte Jeeves und baute sich vor mir auf.

»Ich habe gar keinen Appetit«, antwortete ich. »Jedenfalls nicht auf Nudelsalat. Ich bin Fleisch gewöhnt. Ein König nimmt doch keine Beilagen, solange es noch Rippchen gibt.«

»Seit wann das denn?«, sagte Jeeves.

»Ich dachte, wir fressen alles. So ist der Deal. Das stand doch so in unserem Vertrag, oder Jeeves?«

Jeeves nickte, versenkte seinen runden Kopf wieder in der Schüssel und sagte zwischen zwei Schmatzern: »Und außerdem – Könige sollten eine Krone tragen. Deine Augenklappe bringt's echt nicht. Das ist hier kein Kostümfest.«

»Was man an euren Mäntel sieht – oder ist das keine Verkleidung?«

»Es ist gegen die Abendkühle und absolut en vogue. Das trägt man als Mops.«

»Wovon redet ihr eigentlich?«

»Dasselbe könnten wir dich fragen. Also, wovon redest du? Und mach's mal nicht so geschwollen.«

»Da, wo ich herkomme, pflegt man eben einen gewissen Stil. Ich hatte mich lediglich gefreut, zwei Artgenossen meiner edlen Rasse zu treffen, und wollte meiner Freude mittels einer zwanglosen Konversation Ausdruck verleihen. Nichts für ungut.«

Ich hielt es für das Beste, mich sofort von den beiden zu verabschieden. Ärger hätte nur bedeutet, meinen Anteil am Grill aufs Spiel zu setzen, also wandte ich mich in Richtung Innenhof. Dort brannten mehrere Feuerstellen, über denen große Stücke Fleisch gegart wurden. Mir lief das Wasser im Mund zusammen, als ich den Duft aufnahm.

Madame hatte alle Hände voll zu tun, um ihren Teller mit Kuchen zu beladen, und so wartete ich geduldig, Jeeves und Wooster stets im Auge behaltend, ob sie nicht doch noch einen Streit vom Zaune brechen wollten. Darüber verpasste ich meinen Einsatz – Madame war endlich fertig und ging hinaus, ohne mir Bescheid zu sagen, die Leine ruckte, und ich landete unsanft auf meinem Hinterteil.

»Wow, wow und noch mal wow! Was für ein mieser

Abgang, Dom João, der Viertelvorzwölfte«, sagte Wooster und lachte.

»Woran man bereits sehen kann, dass du kein Mops bist. Und nicht nur daran, Hochstapler. Schätze, deine Mutter hat es nicht so genau genommen, oder? Hast du eigentlich keinen Spiegel zuhause?«

Ich starrte die beiden so böse an, wie ich nur konnte. Wie konnten sie es wagen, meine Herkunft zu bezweifeln und auch noch den guten Namen meiner Mutter in den Schmutz zu ziehen?

»Ja, da guckst du, was? Du hast doch gar keine standesgemäße Nase, damit fängt es schon mal an. Guck dir unsere Nasen an. Guck mal! Ja, so müssen Mopsnasen aussehen!«

»Voller Mayonnaise? Meinst du das?«, gab ich zurück.

»Und deine Pfoten erst – hinten viel zu dünn –, wie Kackstelzen, hey! Mannomann … glaubst du, alle Welt wäre blind? Und hör dir mal deinen Akzent an!«

»Meine Mutter ist kurz nach meiner Geburt aus unerklärlichen Gründen verschwunden …«

»So unerklärlich finde ich das gar nicht: Sie hat dich gesehen – das hat ihr gereicht«, krähte Jeeves.

Wooster knuffte seinen Bruder in die Seite und sagte ernst: »Jetzt sei doch nicht so gemein zu ihm. Nur weiter, erzähl … Ich möchte den Rest auch noch hören.«

»Mein Vater, Dom João der Siebenundzwanzigste, meine Tante Eulalia und mein Urgroßvater, der Trovador Camões der Dritte, haben mich aufgezogen und erzogen. Ich bin ein Mops aus einem anerkannten Königsgeschlecht! Bislang hat es noch niemand gewagt, meine hervorragende Herkunft infrage zu stellen oder meinen Körperbau zu kritisieren!«

»Tja, wenn man dich so labern hört, wäre es die allerhöchste Zeit dazu«, rief Wooster und schüttelte sich Nudelreste von seiner Weste.

»Ich kann euren Humor leider nicht teilen. Also, seht euch vor, und erweist einem der Euren etwas mehr Respekt, bitte. Wie alle Welt weiß, macht nicht die Nase den Mops, sondern die Stärke seines Charakters.«

Jeeves und Wooster wälzten sich vor Lachen auf dem Boden und riefen: »Sagt wer?«

»Meine Tante Eulalia …«

»Und die ist seit Jahren tot, und mir ist auch schon ganz schlecht«, sagte Jeeves und drehte mir sein Hinterteil zu. »Da hast du deinen Charakter.«

Meine Nackenhaare stellten sich auf, und ich ließ ein leises Knurren hören. Madame zischte mich an und zog mich hinaus ins Freie. Als ich an ihnen vorbeiging, wichen sie zurück und gingen hinter der Salatschüssel in Deckung.

Kaum waren wir draußen, da hörte ich eine Frauenstimme die Namen der beiden rufen. Kichernd kamen sie angerannt und umsprangen wie verrückt ihre Herrin. »Hey, Chefin, weißt du, guck mal, der da … der da … der sagt, er wäre ein Mops.«

»Ja, genau. Der da.«

Die Dame beugte sich zu ihnen hinunter, streichelte ihre Köpfe und sprach mit einer Kleinmädchenstimme: »Ja, wo sind denn meine beiden Helden? Ja, wo sind sie denn? Oh, und die schönen Mäntelchen … oje, meine beiden kleinen Dreckfinken. Nicht so wild. Huch!«

Sie rannten auf mich zu und umkreisten mich und meine Madame. Die Frau kam hinterhergelaufen, versuchte, die beiden wild gewordenen Brüder einzufangen, und entschuldigte sich fortwährend bei meiner Madame. Jeeves und Wooster rasten in immer enger werdenden Kreisen um uns herum und zupften an Madames Hosenbeinen. Kaum hatte die Frau einen der beiden eingefangen, entwischte der andere, um es noch toller zu treiben. Mir ging die Respektlosigkeit der beiden zu weit, und ich wollte die Sache auf meine Art klären, kam aber nicht weit, weil die Leine mich wieder mal davon abhielt, zu tun, was ein Mops tun muss. Und leider hatte Madame das Ende der Leine um ihr rechtes Handgelenk geschlungen. In hohem Bogen wurde ihr Teller direkt vor die Pfoten von Jeeves und Wooster katapultiert, die sich sofort über die herumfliegenden Kuchenstücke und Torteletts hermachten.

»So macht man das, kleiner König! Ha ha ha …«

»Ein Mops will er sein, der arme Wicht. Einer von uns, ha ha … dass ich nicht lache.«

»Was haben die beiden denn bloß?«, fragte die Frau und sammelte auf ihren Knien rutschend das zu Boden gefallene Besteck vom Rasen ein.

Meine Madame lachte gequält und packte mich am Schlafittchen. »Lassen Sie mal, ich mach das schon. Die beiden Clowns haben sich das redlich verdient.«

»Nein, nein, die beiden sind aber auch etwas ungestüm. Ich hole Ihnen sofort einen neuen Teller.«

»Oh, ja. Noch einen Teller, noch einen Teller!«, riefen Jeeves und Wooster.

Madame schob mich unter eine Gartenbank. »Und du, Schröder, bleibst, wo du bist. Wie kann man nur so klein sein und so eine große Klappe haben? Sitz, du widerborstige Pelzpest! Und bleib!«

»Ich will auch Kuchen. Was hab ich denn gemacht? Die beiden haben angefangen«, erklärte ich. Ich empfand es als mein gutes Recht, meiner Empörung Ausdruck zu verleihen. »Und nennen Sie mich in der Öffentlichkeit nie wieder Pelzpest!« Ich überlegte, ob es der richtige Zeitpunkt sei, Gesichtsausdruck Nummer 5 einzusetzen. Ehrlich, Alfonso, ich hielt mich zurück, weil ich mir nicht sicher war, ob ich ihn schon wieder perfekt beherrschte.

Mittlerweile hatte sich eine Menschentraube um uns gebildet. Die Leute amüsierten sich über das Schauspiel, das Jeeves und Wooster boten. Sie tollten um den Teller im Gras herum und spielten mit den Krapfen Fußball, während meine Madame mich davon abhielt, mir meinen Anteil abzuholen.

Kaum hatte sie sich wieder umgedreht, versuchte ich einen Ausfall nach vorne, um die beiden Kretins endlich zu vermöbeln.

»Also, wenn du einem guten Rat nicht abgeneigt bist…«, hörte ich eine sanfte Stimme neben mir sagen. Ich hielt inne, weil mich ihr Anblick schier von den Pfoten holte. Was soll ich sagen, Alfonso – wie aus dem Nichts war sie erschienen – eine Göttin. Ihre schlanken Beine ragten beinahe bis in den Himmel, ihr charaktervolles, schmales Gesicht war eingerahmt von silberfarbenem, weichem Haar, und ihre mandelförmigen Augen blickten, umkränzt von einem beinahe träge zu nennenden Wimpernschlag, halb amüsiert, halb wissend auf mich herab, während sie mit graziösen Schritten auf mich zukam. Oh, und ihre Ohren, Alfonso, ihre Ohren hätten auch dich betört.

»Ich wollte gar nicht… also…« Weiter kam ich nicht mit meiner Entschuldigung, denn sie legte sich neben mich unter die Bank und sagte: »Ich darf doch, oder?«

»Aber selbstverständlich. Oh, ich habe mich noch gar nicht vorgestellt. Ich bin Dom João…«

»Und er behauptet, ein Mops zu sein, Ginger, stell dir das nur mal vor«, krähte Jeeves. »Er ist aus der Stadt und macht hier einen auf dicke Hose.«

»Gleich erklärt er dir, dass er eine königliche Hoheit ist. Der Typ ist echt brüllkomisch, besonders, wenn er auf den Hintern fällt«, gab Wooster seinen Senf dazu.

Ginger beachtete ihn nicht und sagte zu mir: »Die beiden sind etwas… na ja, gewöhnungsbedürftig. Hör gar nicht hin. Sie wollen dich nur provozieren.«

»Aber ich bin doch ein Mops! Ich bin aus einem portugiesischen Königsgeschlecht. Das ist die Wahrheit.«

»Und ein Kämpfer dazu, wie ich sehe. Die Augenklappe steht dir übrigens hervorragend. Sie hat so was … Verwegenes«, säuselte sie.

»Natürlich, meine Vorfahren waren Seefahrer auf allen Ozeanen der Welt. Die Joãos sind noch keinem Kampf aus dem Weg gegangen, und das Andenken meiner Mutter lasse ich schon gar nicht beschmutzen. Ich bin sofort wieder zurück. Warte hier auf mich.«

»Ich will ja nicht unhöflich sein, João, aber da haben die beiden ausnahmsweise mal Recht. Du bist ein Kämpfer und ein Pirat, aber du bist kein Mops. Das kann doch jeder sehen. Ich verstehe nicht, warum du so sehr darauf beharrst. Bist du wirklich aus der Stadt?«

Ich soll was nicht sein, Alfonso? Ich und kein Mops?! Mir blieb die Spucke weg. »Ja, ja …«, antwortete ich geistesabwesend. »Aus der Stadt. Nein, was red ich? Ich bin aus Vila do Santo Chouriço, das ist ein Ort in Portugal, in den Bergen. Aber jetzt lebe ich hier …, also, nicht hier …, in einer großen Stadt, ungefähr eine Stunde von hier entfernt.«

»Verstehe. Sag bloß, du begleitest die Schriftstellerin?«, fragte Ginger.

Ich ließ Jeeves und Wooster nicht aus den Augen und stieß lediglich einen viel sagenden Seufzer aus. Was hätte ich diesem anbetungswürdigen Exemplar von einer Hündin auch sagen sollen? Die da, auf der Bank, die die ganze Zeit redet, isst und raucht und alles gleichzeitig; die, die sich über die beiden Clowns auch noch amüsiert und den Ernst der Lage nicht versteht und mir in den Rücken fällt – das ist meine Begleitung? Es wäre immerhin die Wahrheit gewesen. Aber wie Ginger das Wort Schriftstellerin aussprach, schien sie diesem Berufsstand einigen Respekt entgegenzubringen.

Also sagte ich: »Hm … ja. Sie schreibt Kriminalromane. Nichts wirklich Bedeutendes. Meine Interessen liegen eher bei Fernando Pessoa.«

»Aha? Den kennen die meisten hier nicht. Aber *ihre* Krimis werden gern gelesen«, gab Ginger zur Antwort und legte ihren Kopf auf die Pfoten. »Es muss ja nicht jeder ein Philosoph sein, nicht wahr?«

Ein traumhafter Anblick, Alfonso. Ich wünschte mir, sie würde ewig so weiterreden. Ihre sanfte Stimme, Alfonso, erreichte ohne Umwege direkt mein Herz, und ich war bereit, jedes Wort zu glauben, das von ihren Lefzen kam.

»Du hast bestimmt ein sehr schönes Leben in der Stadt. Nimmt sie dich mit auf ihre Lesungen? Sie macht doch Lesungen? Ich hörte jedenfalls davon.«

»Natürlich. Und ich gehe mit. Was glaubst du denn wohl, wer das Publikum aufwärmt und im Griff hat? Und wer dafür sorgt, dass sie ihre Brille findet, dass wir pünktlich sind … und so weiter. Sie ist sehr schusselig im Großen und Ganzen. Und wenn sie arbeitet, bin ich derjenige, der ihr sagt, wann es Zeit ist, Pause zu machen und nach draußen zu gehen, um frische Luft zu schnappen. Also, du siehst, ich habe einen echten Fulltimejob bei ihr.«

Ginger legte ihren Kopf schief. Ich hätte alles dafür gegeben, um den eleganten Schwung ihres Halses und diese kohlenfarbene, perfekt feuchte Nase weiter betrachten zu dürfen.

»Und, glaub mir, sie braucht Schutz in der großen Stadt. Weißt du, sie ist so … so vergeistigt in einer Art. Wie gesagt, nicht wie Pessoa, aber die Leute mögen sie trotzdem. Sie lachen viel, wenn sie ihnen vorliest. Obwohl … ich helfe manchmal etwas nach. Du weißt schon … ein bisschen gebe ich den Clown. Die Leute mögen das.«

»Ach ja. Das klingt so vertraut. Ich vermisse das Publikum sehr. Die Menschen sind so dankbar, wenn man sie zum Lachen bringt.«

»Bist du auch aufgetreten?«

»Ja, im Zirkus. Ich ritt auf einem Schimmel. Jeden Abend.«

»Dein Anblick muss wundervoll gewesen sein …«

»Ja, wir bekamen viel Applaus. Ich vermisse ihn bis heute. Er wärmt, aber leider nicht für lange. Sobald der Vorhang fällt und es still wird, ist man wieder nur ein Hund.«

Alfonso, mir traten die Tränen in die Augen. Diese Wehmut in ihrer Stimme … Ich suchte fieberhaft in meinem Hirn nach einem passenden Zitat von Pessoa, fand aber keines und brachte nur ein peinliches: »Oh, und warum trittst du jetzt nicht mehr auf?«, hervor.

»Das Pferd ist tot … der gute alte Rodolfo. Er starb im letzten Jahr. Kurz vor dem Ende unserer Nummer strauchelte er und fiel, getroffen von einem Herzinfarkt.«

»Oh.«

»Ich kam mit knapper Not davon. Beinahe hätte er auch mich unter sich begraben. Meine Chefin hatte nicht so viel Glück – ihr Schienbein ist zertrümmert. Und deswegen haben wir uns vom Zirkus verabschiedet. Wir haben uns hierher zurückgezogen. Meine Chefin träumt noch immer davon, dass ihr Bein heilen wird … aber ich weiß es besser. Träume sind für Menschen gut – wir leben im Jetzt, aber wem sag ich das.«

»Oh.«

»Rodolfo starb, wie er es sich immer gewünscht hat. In der Manege.«

»?!?«

»Na, hat es dir die Sprache verschlagen?«, fragte Ginger mit einem Augenzwinkern.

»Wem hat bei deinem Anblick noch nicht der Atem gestockt, meine Schöne«, sagte ich und hätte mich im Anblick ihrer samtweichen Ohren verlieren können.

Sie lächelte. Alfonso, sie hat mich angelächelt. Tatsächlich hat sie das. Und ich hätte auf der Stelle die beiden Vollidioten vergessen können, wenn sie denn endlich Ruhe gegeben hätten. Aber Jeeves und Wooster kugelten auf der Wiese herum und keuchten. »Ist er nicht voll lustig, der kleine portugiesische Bastard mit seiner Augenklappe aus dem Spielzeugladen?«

Der schöne Augenblick verpuffte mit einem Knall, so laut wie die Fehlzündungen an Mafaldas Käsetransporter.

»Lasst ihn in Ruhe«, sagte Ginger mit mildem Tadel in

der Stimme, und zu meinem großen Erstaunen trollten sie sich auf der Stelle in Richtung Buffet.

»Warum?«, entfuhr es mir. »Warum sagen sie, ich hätte eine Nase?«

»Weil es wahr ist, João?! Das ist doch nicht so schlimm. Du kannst froh sein, dass dich die Degeneration nicht erwischt hat, die alle reinrassigen Linien belastet. Ich bin noch mal davongekommen, bei mir ist es nur ein wenig Arthrose und eine leichte Fehlstellung im Hüftgelenk. Das ist alles nichts gegen einen Infarkt…«

Ginger schluckte schwer. Aber sie fuhr fort: »Ist dir noch nie aufgefallen, dass du eine Nase hast? Ich wette mit dir, dass Jeeves und Wooster nur neidisch darauf sind. Wer eine Nase hat, kann wenigstens Luft holen. Die beiden können das nicht, sie röcheln herum wie alte Dampfkessel. Und viel Kondition haben sie auch nicht.«

»Sind die beiden auch im Zirkus aufgetreten?«

Ginger gähnte. »Du liebe Zeit, nein. Die beiden hätten allenfalls lebende Kanonenkugeln abgeben können. Ich muss jetzt leider weiter.«

»Ginger, du kannst doch jetzt nicht gehen… ich meine…«

»Was, João?«

»Willst du nicht mitkommen – in die Stadt? Wir könnten zusammen auftreten. Du und ich und meine Chefin. Du wärst der Star, glaub mir.«

Ginger blinzelte. »Das ist nett von dir. Aber das geht nicht. Meine Chefin wartet. Am Nachmittag telefoniert sie gern, und ich bringe ihr den Hörer. Das ist jetzt mein Job. War nett, dich kennengelernt zu haben, João. Viel Glück noch. Ich bin mir sicher, du bist ein sehr guter Schriftstellerhund. Du hast es gut mit ihr getroffen und sie mit dir. Man könnte neidisch sein. Und nicht verzweifeln wegen deiner Nase. Gegen die beiden Clowns bist du eben ein echter Kampfmops.«

»Danke, Ginger. Und, und alles Gute. Meine tiefste Verehrung. Und wenn du mal in die Stadt kommst, dann …«, der Rest des Satzes blieb mir vor Wehmut im Halse stecken, und ich schluckte schwer.

Zum Abschied fuhr sie mir neckisch mit ihrer Nase über meine. Dann schritt Ginger erhobenen Hauptes durch die Menschenmenge und war nach wenigen Sekunden verschwunden. Die Stelle, an der sie meine Nase berührt hatte, brannte wie Feuer. Ich hatte mich benommen wie ein Anfänger, Alfonso. Wo hatte ich nur meine guten Manieren gelassen?

Die gnädige Frau hatte von alldem nichts mitbekommen. Sie saß über mir auf der Bank, rauchte und unterhielt sich mit einem anderen Zweibeiner. Hatte ich das alles nur geträumt?, fragte ich mich. Ginger war aufgetaucht und sogleich wieder verschwunden, wie eine Fata Morgana. Ich vermisste sie jetzt schon und steckte meine Nase ins Gras, um die letzten flüchtigen Düfte von ihr aufzusaugen. Dom João, worauf wartest du noch?! So eine Frau kann man doch nicht einfach ziehen lassen. Geh ihr hinterher, oder alle Welt wird dich zukünftig einen Schlappschwanz nennen!

Alfonso, du ahnst es bestimmt. Wie immer bestimmte die Leine das Ende meines freien Willens, und ich stieß ein paar kräftige Flüche aus. Madame ruckte an der Leine und sagte: »Aus!«

»Gnädige Frau, ich möchte nach Hause«, sagte ich, setzte mich vor sie hin und probierte Gesichtsausdruck Nummer 4. Sie runzelte die Stirn.

»Madame, bitte. Mir geht es nicht gut. Ich brauche Ruhe. Mein Gefühlsleben ist durcheinander.« Ich lehnte vor Verzweiflung meine Stirn an ihr Schienbein und verharrte in dieser dramatischen Pose.

»Was hat er denn?«, fragte der Mann, der neben Madame auf der Bank saß.

»Weiß ich nicht«, antwortete sie. »Saudade, vielleicht? Er ist ein Portugiese, die neigen zur Schwermut.«

Der Mann lachte. »Saudade, das ist gut. Sagen Sie bloß, er singt portugiesische Fados.«

»Manchmal glaube ich das... Er ist ein komischer Hund. Ich hab ihn im Internet gefunden und ihn vor ein paar Wochen aus dem Tierheim geholt. Bei mir war es Liebe auf den ersten Blick – bei ihm dann wohl eher nicht. Aber wer weiß, was er alles schon erlebt hat... Vielleicht braucht er einfach mehr Zeit«, erklärte Madame, offensichtlich ermutigt, weil sie den Kerl zum Lachen gebracht hatte.

»Madame«, wiederholte ich meine Ansprache, »Madame, ich möchte nach Hause.« Ich ließ mich kraftlos auf die Seite fallen in der Hoffnung, nun sei es dramatisch genug, um eine sofortige Abreise zu initiieren. Aber anstatt sich umgehend um mich zu kümmern, da ich mich offensichtlich vor Schwäche nicht mehr auf den Beinen halten konnte, setzte meine Madame ungerührt ihr Gespräch fort.

»Ein hübscher Mischling«, sagte der Mann. »Meinen Sie, dass da ein Mops mit drin ist?«

»Muss wohl. Die im Tierheim haben gesagt, Vater Mops, Mutter Pekinese. Einen echten Mops gab es leider nicht. Ich hätte noch Monate warten müssen. Mir kam es auch nicht darauf an, ein reinrassiges Tier zu bekommen. Ich hab mich dann in den hier verguckt. Und jetzt hab ich den Salat.«

Alfonso, in dem Moment musste ich gar nichts mehr simulieren. Ich rollte auf die andere Seite und hatte genug damit zu tun weiterzuatmen. Meine Mutter eine Pekinesin? Mein Vater soll sich mit einem Schoßhündchen eingelassen haben?

Der Mann lachte noch lauter. »Komisches Talent hat er jedenfalls.«

»Wie man's nimmt«, antwortete Madame. »Im Haus ist er ganz verträglich, aber draußen mutiert er zur Bestie.«

»Schon beim Hundetrainer gewesen?«

Madame nickte. »War vielleicht nicht die richtige Methode, Leckerli und positive Verstärker. Außer immer dicker zu werden, hat sich bei ihm aber noch nichts geändert. Er geht auf alles los, das aussieht wie ein Hund.«

»Tja, bei den Hundetrainern im Fernsehen sieht immer alles so einfach aus«, sagte der Mann. »Irgendwie ist es wie mit Kindern. Da kann man tausend Erziehungsratgeber lesen oder im Fernsehen die Supernanny gucken und glauben, man sei auf alles vorbereitet. Denkste! Wissen Sie, was ich toll fände? Meine Kinder würden die Erziehungsratgeber gucken – am besten hätte ich ihnen schon vor der Geburt was vorlesen sollen. Vielleicht wäre es dann jetzt einfacher.«

Die gnädige Frau lachte und sagte: »Genau. Ich gucke immer diesen Hundeflüsterer im Fernsehen, und Herr Schröder sitzt daneben und guckt mit. Glauben Sie mir – es hilft nicht die Bohne.«

Wie schön, dass ihr beide euch so wunderbar über mich amüsiert, dachte ich. Mein Magen knurrte, und mein Gehirn knurrte in gewisser Weise auch. Was sollte das hier werden? Der Tag der großen Erkenntnisse? Der Tag der Wahrheit? Der Tag … der Tag … an dem Dom João, 28. erfährt, dass er gar nicht er ist? Ich robbte zurück unter die Bank, vergrub meine Nase zwischen meinen Pfoten und murmelte: »Können wir nicht einmal machen, was ich will, Madame? Es ist mir wirklich nicht wohl. Nehmen Sie doch bitte Rücksicht.«

»Schröder! Jetzt gib doch mal Ruhe.«

»Drollig«, sagte der Mann, griff unter die Bank und betatschte meinen Kopf. Ich knurrte und fletschte die Zähne. Er ließ auf der Stelle von mir ab und erklärte, sich um Getränke kümmern zu wollen. Madame steckte sich eine neue Zigarette an, beugte sich zu mir hinunter und sagte:

»Hör mal auf zu meckern, Herr Schröder. Die Sonne scheint, die Leute sind gut drauf. Mach ein Schläfchen, bevor du hier allen die Laune verdirbst.«

Leichter gesagt als getan. Alle paar Minuten wurde das allerherrlichste Fleisch vorbeigetragen. Und jedes Mal, wenn sich jemand erbarmte und mir einen Happen abgeben wollte, spulte Madame ihr neues Lieblingsmantra herunter. »Er hat's am Magen. Das verträgt er leider nicht. Bitte nicht füttern.«

Als der Mann nach einiger Zeit mit den Getränken zurückkam und der gnädigen Frau ein Glas reichen wollte, schoss ich unter der Bank hervor und rief: »Sie verträgt das leider nicht. Bitte nicht füttern!«

Der Mann stammelte, dass er noch auf ein paar Kinder aufpassen müsste, und verschwand. Ab da hatte ich endlich meine Ruhe und ließ resigniert sämtliche Röstaromen, die mir von den Feuerstellen entgegenwehten, vorüberziehen.

Es hätte das Paradies sein können, Alfonso. Grillsaison und Ginger … ein lauschiges Plätzchen unter der Bank … Wäre ich nicht meiner Nemesis in Form von Jeeves und Wooster begegnet.

Und kaum hatte ich an die beiden gedacht, galoppierten sie auf der anderen Seite des Hofes vorbei und riefen mir zu: »Was ist, du Piratendarsteller? Lust auf eine königliche Rauferei?«

Entgegen meiner sonstigen Einstellung drehte ich den beiden den Hintern zu. Erstickt doch am nächst besten Knochen, dachte ich und bekam auf der Stelle Sodbrennen.

Als ich den Kopf wieder hob, war die Sonne schon fast hinter dem Wald verschwunden. Ich schaute mich um und sah, wie Madame ein paar Meter von mir entfernt an einem Grill stand und ihren Teller belud. Das Ende meiner Leine lag lose im Gras. Jeeves und Wooster hielten ihre vollgefressenen Bäuche in den Himmel und schnarchten.

Ich schlich mich davon, die Nase am Boden, und hochkonzentriert folgte ich Gingers Spur. Nachdenken, João, ermahnte ich mich. Gründlich nachdenken, bevor du dich hier verabschiedest. Und vor allem, sieh zu, dass du vor deinem langen Marsch noch deinen Magen füllst. Wer weiß, wo sie wohnt?

Ich mischte mich unter eine Gruppe von Kindern und folgte ihnen einen Abhang hinunter, in der Hoffung irgendwo ein Gebüsch zu finden, um mich dort fürs Erste zu verstecken. Die Kinder steuerten auf einen großen Teich zu. Eben wollte ich mich seitlich in den Wald schlagen, da sah ich sie: Mein Herz pochte heftig. Es war, als kehrte das Leben endlich in mich zurück. Im Glanz der letzten Sonnenstrahlen stand eine Gruppe von Laufenten! Du weißt, was das heißt, mein Freund. Sie können nicht fliegen, und wenn man vergisst, wovon sie sich ernähren, dann ist man nach Wochen des Darbens nur zu gerne bereit, alle Vorsicht fahren zu lassen und vor dem

Anblick dieses Selbstbedienungsladens vor Glück auf die Knie zu fallen und seinem Schöpfer zu danken, dass er ein Einsehen hatte. Auf der Stelle sagte ich der Saudade fürs Erste Adieu und begrüßte meine Wegzehrung mit offenen Armen.

Die Kinder rannten um den Teich herum und trieben die Enten vor sich her. Ich flog nur so dahin, meine Pfoten berührten kaum den Boden. Schon hatte ich die johlende Bande überholt. Die Enten wichen mal nach links, mal nach rechts aus, und ihr Geschnatter war ohrenbetäubend. Ein paar von ihnen suchten ihr Heil in einem Sprung in den Teich. Ich aber hatte mir bereits eine ausgesucht und ließ mich durch nichts ablenken. »Einmal ins Visier genommen, niemals mehr entronnen«, war die Devise meines Vaters. Nur noch wenige Meter trennten mich von meinem saftigen Abendessen. Aus dem Augenwinkel konnte ich am Abhang Jeeves und Wooster stehen sehen. Ja, dachte ich. Seht genau hin und lernt. Eure Nasen sind zu kurz! Ihr habt keine Kondition. Für so eine Aktion muss man ein Kampfmops sein. Erst gehört mir die Ente, dann die Frau meines Herzens und dann die ganze Welt.

»Das schaffst du nicht«, riefen sie.

»Du hast zu kurze Beine, Portugiese. Schneller, schneller. Die Ente hängt dich ab!«

»Feigling«, brüllte Jeeves. »Das traust du dich sowieso nicht!«

Und dann, Alfonso, setzte ich zum Sprung an. Die Zeit blieb stehen. Die Erde hörte auf, sich zu drehen. Das Universum schwieg. Mein Maul füllte sich mit warmem Blut, und meine Nase wurde von seinem Aroma schier überwältigt. Meine Fänge bohrten sich tiefer und tiefer in ihren Hals. Ich war am Ziel meiner Träume – die fetteste Ente von allen gehörte mir. Ich hatte sie gefangen. Ich allein, Dom João, der 28. Mir war, als würde die ganze Welt applaudieren, so sehr rauschte es in meinen Ohren. Mein Vater, Tante Eulalia und mein Onkel wären stolz auf mich gewesen. Sie hatten mich gelehrt, für den Erhalt meines Leibes selbst zu sorgen. Und sie hatten Recht daran getan. Dieses Gefühl war durch nichts zu ersetzen. Das ist das Spiel von Leben und Tod – und ich bin der Gewinner. So muss es sich anfühlen.

Ich schüttelte mir das Wasser aus dem Fell und sah von Jeeves und Wooster nur noch, wie sie ihre dicken Hintern wegtrugen. Von einem Dom João lernen, heißt siegen lernen!, hätte ich ihnen am liebsten hinterhergerufen, aber was sollte ich mich mit den beiden Losern überhaupt noch abgeben. Ich musste meine Beute sichern und stand bis zum Hals im Wasser. Nicht weit entfernt bot sich eine alte Holzhütte als Unterschlupf an. Bis dahin musste ich es schaffen, dort würde ich mich verstecken und mir gründlich den Bauch vollschlagen. Ein ausgiebiges Nickerchen könnte auch nicht schaden – bis ich wieder wach wäre, wäre auch die Luft rein, und ich könnte mich unbehelligt auf den Weg zu Ginger machen, bevor ich den langen Marsch nach Portugal antreten würde.

Ich musste nur noch aus dem Tümpel herauskommen. Aber wie? Immer mehr Menschen versammelten sich am Ufer. Das Geschrei des Publikums wurde lauter. Aber sie applaudierten nicht, sondern ich verstand, dass sie nach der gnädigen Frau riefen.

In der nächsten Sekunde machte ich sie auch schon in der Menge aus. Sie streifte ihre Schuhe ab, stieg in den Teich und kam mit Riesenschritten auf mich zu. Ihr tomatenfarbenes Gesicht leuchtete mir entgegen. Um schneller voranzukommen, ruderte sie wild mit den Armen und schob eine regelrechte Bugwelle vor sich her. Vom Rand des Teiches ertönten Anfeuerungsrufe, und sie erhöhte das Tempo. Ich schwamm um mein Leben, Alfonso, und erreichte vor ihr das Ufer, obwohl sie mir gefährlich nahe kam und nach meiner Beute griff.

Kaum hatte ich wieder festen Boden unter den Füßen, galoppierte ich am Ufer entlang, verhedderte mich für einen beängstigenden Augenblick im Gummiband der Augenklappe, die mir vom Kopf gerutscht war, und erklomm stolpernd die Böschung in der Hoffnung, mich im nächstbesten Schuppen in Sicherheit zu bringen.

Ich schlug Haken um Beine, Tische, Stühle und Feuerstellen. Hinter mir fiel krachend Geschirr zu Boden. Von allen Seiten kamen sie auf mich zu und streckten ihre Hände nach mir aus. Mit letzter Kraft spannte ich meine Muskeln an und flog über eine umgestürzte Bank hinweg, rannte Jeeves um, der mir ein Beinchen stellen wollte, und in der nächsten Sekunde prallte ich gegen zwei nasse Hosenbeine. Unverzüglich fand ich mich rücklings auf dem Boden liegend wieder – über mir die aufgerissenen Augen meiner Madame. Sie war völlig außer Atem, und das Wasser troff aus ihren Haaren. Sie griff mir in die Schnauze und zog an der Ente.

»Die gehört nicht Ihnen!«, knurrte ich. »Das ist meine! Unterstehen Sie sich, Madame!«

Mit einem Ruck hatte sie die Ente erobert. »Schröder! Aus! Du liebe Scheiße!«, rief sie und drückte mich mit einer Hand fest auf den Boden. In der anderen hielt sie die Ente, die eben piepsend ihren letzten Ton von sich gab. Ihr langer Hals fiel schlaff herunter, und Blut tropfte auf Madames Hose.

Ein paar Kinder weinten und forderten die gnädige Frau auf, die Ente auf der Stelle wieder heile zu machen. Das Greinen wurde sekündlich lauter, das Gemurmel der Erwachsenen auch, die ihre Kinder an die Hand nahmen und wegführten.

»Da ist wohl nichts mehr zu machen«, sagte der Mann, mit dem die Madame sich vor ein paar Minuten noch so gut amüsiert hatte. »Wildernde Hunde sind hier nicht gern gesehen. Sie können froh sein, dass der Förster das nicht gesehen hat. Der klärt solche Situationen gerne mit einem Schuss«, erklärte er und ließ die Madame stehen.

Unvorsichtigerweise hatte sie ihren Griff gelockert. Ich sprang auf und schimpfte: »Ich warne Sie, zum letzten Mal! Geben Sie mir meine Mahlzeit zurück!« Das Adrenalin pulste in meinen Adern, ich warf mich in die Brust, knurrte und schnappte nach meiner Beute, die ich nach allen Regeln der Jagdkunst rechtmäßig erworben hatte. Madame legte die tote Ente ins Gras, packte mein Nackenfell und warf mich wieder auf den Rücken. Sie zischte mich an, wie es dieser kleine Mexikaner im Fernsehen auch immer machte. Alfonso, ich hätte über dieses absurde Szenario gerne gelacht. Aber ich hatte das leckerste Abendessen aller Zeiten in Reichweite und wollte Madame eben in die Hand beißen, um sie ein für alle Mal zur Räson zu bringen – da lähmte plötzlich ein Gedanke meine Glieder. In das Rauschen und Pulsieren in meinem Kopf mischte sich die Stimme von Scooter. *»Die Zweibeiner mögen das nicht. Spiel ein bisschen den Affen, aber mach nix Ernstes – keine Beute, kapiert?!«*

Und dann ging mir der Sinn dessen auf, was der Mann gesagt hatte: Ein Schuss, wildernde Hunde …

Ich wurde durchgeschüttelt und wieder unsanft auf dem Boden abgesetzt. Madame packte mein Nackenfell und schleifte mich über den Hof, vorbei an den Leuten, die alle durcheinanderredeten. Sich nach allen Seiten entschuldigend steuerte sie auf ihr Auto zu. Sie setzte mich hinein, knallte die Tür zu und ließ mich allein.

Nach einer Zeit, die mir wie eine Ewigkeit erschien, sah ich die schlanke Gestalt von Ginger am Ende der Straße auftauchen. Ich rief ihren Namen, aber sie kam nicht näher. Sie stand einfach nur da und schüttelte traurig den Kopf. Das traf mich mehr als alles Geschimpfe der gnädigen Frau, die Aussicht auf eine Begegnung mit dem Förster oder das Gelächter von Jeeves und Wooster, die am Auto entlangparadierten und grölten:

»Zehn kleine Enten, schwammen auf dem Teich,
da kam ein Hund und biss gleich zu,
und eine war'ne Leich'.
Neun kleine Enten, die waren heilefroh,
der Hund, der wurde eingesperrt
und kriegt was auf den Po.
Eine kleine Ente, die ist jetzt leider tot,
der Hund, der hat kein' Spaß im Knast
bei Wasser und bei Brot.
Ein großer Jäger, der hasst die Wilderei,
er legt sogleich die Flinte an,
und bumm, da war's vorbei.«

Ginger schüttelte ihr silberfarbenes Fell. Von den letzten Sonnenstrahlen berührt leuchtete es auf wie ein Regenbogen. Dann schlich sie mit hängendem Kopf davon und verschwand im Schatten der Bäume.

Jeeves und Wooster liefen hinter ihr her und riefen: »Ginger, Ginger, wir haben ein tolles Lied gemacht! Hör doch mal zu!«

»Ginger«, rief ich. »Kleines, du weißt, das habe ich nur für dich getan … Ich war … Ich wollte … Ginger … Bitte, geh nicht fort …«

Sie drehte sich nicht einmal mehr um.

»Ginger, bitte. Ich muss dich wiedersehen.«

»Hör auf zu jammern«, rief Jeeves, der doch tatsächlich auf meiner Augenklappe herumkaute, die ich am Abhang verloren hatte.

Wooster kam zum Auto und flüsterte: »Du hast es voll verkackt, Alter. Das ist ihre Entenherde. Das kannst du nie wiedergutmachen. Nie, nie wieder.« Dann rannte er seinem Bruder hinterher. »He, lass uns noch eine Strophe machen … Hey, Jeeves, jetzt warte doch mal …«

Ich konnte lange meinen Blick von der Stelle, wo der Waldweg auf die Straße stieß, nicht abwenden, aber Ginger kam nicht mehr zurück. Einer Urgewalt gleich, stieg der Schlamm der Bitterkeit aus meinem Inneren empor. Ich rollte mich auf dem Sitz zusammen und lauschte dem wütenden Brausen meiner Seele, das immer mächtiger, lauter und schmerzhafter wurde. Mein Herz schlug hart und wild, als sei es kurz vor dem Zerbersten. Als der Sturm verebbte, überkam mich ein Frösteln, und mein Herz wurde kalt. Ich hatte verstanden, dass ich einen fürchterlichen Fehler begangen hatte. Ich hatte den heiligen Schwur der Möpse gebrochen – ich hatte mich verhalten wie ein gewöhnlicher Hund.

Alle Dämme brachen. Die Saudade strömte durch meine Adern, und ich ließ mich treiben wie ein Stück totes Holz.

Während unserer Heimfahrt leuchteten die Sterne vom Nachthimmel. Im Wagen roch es unangenehm nach feuchter Kleidung. Madame rauchte eine Zigarette nach der anderen und starrte auf die Straße. Ich konnte durch den Muff des Tümpels hindurch riechen, wie sauer sie auf mich war. Dazu hätte es ihrer Schimpftirade gar nicht mehr bedurft, die seit der Abfahrt vom Hof auf mich niederprasselte: »HerrSchröderwasfälltdireigentlicheineineEntezujagen.DasdarfmannichtuntergarkeinenUmständenHerrgottnochmal!DubistechteinunkontrollierbarerkleinerblutrünstigerKöter.Wasmacheichdennjetztbloßmitdir.Sowasdarfniewiederpassieren.Ichhoffedukapierstdas!« Und so weiter und so fort. In jeder Kurve holte sie Luft für neue Anklagen, die, als wir schon längst wieder die schnelle Straße erreicht hatten, nicht versiegt waren.

Der Mond ging über den Wäldern auf. Ich fühlte mich so einsam, wie kein Mops auf der ganzen Welt sich je einsam gefühlt hat. Nur so kann ich mir erklären, dass sich meiner Kehle dieser Fado entrang:

»Der Mond zog über den Himmel mit seinem Sternenband
Zu seinen Füßen kam ungekämmt die Morgendämmerung von fern
Samtig schienen
Wellen aus Blut und Wein.«

Die gnädige Frau unterbrach endlich ihre Schimpfkanonade und guckte mich an. Ich probierte als letztes Mittel Gesichtsausdruck Nr. 11.a. Sie guckte einfach nur wieder auf die Straße und sagte: »Das wird ein Nachspiel haben, Herr Schröder. Da kannst du gucken, wie du willst. Du bist endgültig zu weit gegangen.« Sie schaltete das Radio ein, und ich akzeptierte, dass die Götter an diesem Tag allen Grund hatten, mich auszupfeifen.

11. Oktober

Alfonso, wenn es wahr ist, was alle sagen. Wenn es wahr ist, dass ich kein Mops bin – warum hast du mir das nie gesagt?

Stundenlang habe ich in Madames Schlafzimmer vor dem Spiegel gesessen und versucht, mich wiederzufinden. Das Wesen, das mir entgegenblickte, sah aus wie Dom João, aber er war mir fremd.

14. Oktober

Alfonso, ich kann es drehen und wenden, wie ich will. Ich erwarte auch keine Antwort von dir. Du wirst deine Gründe gehabt haben, mich über meine Herkunft im Unklaren zu lassen – und wenn es nur aus dem Grund heraus geschah, das Andenken an meine Mutter und meinen Vater in Ehren zu halten. Ich weiß, dass keiner von euch mich je verletzen wollte, aber ich lebte in einer Blase von Unwissenheit. Jetzt weiß ich noch viel weniger, was und wer ich bin. Kann ich denn noch ein König sein? Ein echter El-Rei Dom João? Macht es einen Unterschied, ob ich ein Mops-König in der Verbannung bin oder nur ein Hund, mit der verkehrten Nase im Gesicht, in einem fremden Land, der nicht weiß, wie ihm geschieht? Vielleicht ja, vielleicht auch nein. Auch Napoleon war am Ende kein Kaiser mehr – nur noch ein dicker, kleiner, übel riechender Mann ohne Mops und ohne Heimat.

Seit der Nacht am A Traineira ist mein ganzes Leben ein nicht enden wollendes Waterloo.

19. Oktober

Alfonso, mein Freund, ich habe mich entschlossen, dich weiterhin an meinem Leben teilhaben zu lassen. Was soll ich auch sonst machen? Ich habe mich so daran gewöhnt, dir meine Gedanken zu widmen. Und ist es nicht besser, den letzten Strohhalm, den das Leben bietet, fest in der Hand zu behalten? Würde ich aufhören, dir zu berichten, wüsste ich, dass auch das allerletzte Band, das mich mit meiner Heimat verbindet, zerrissen wäre. So kann ich mir vorgaukeln, dass am anderen Ende der Welt jemand ist, den meine Existenz und mein Schicksal nicht unberührt lassen.

Der Herbst rauscht mit Riesenschritten heran. Scooter ist nicht da. Er verschwand zwei Tage nach dem Tag der toten Ente. Seine Familie hat das Land verlassen und ihn mitgenommen. Sie nennen es Urlaub. Du weißt schon, die Zeit, in der die Touristen-Pinkel unser Land überfluten und uns Gott weiß was über ihr Leben erzählen. Ich weiß besser denn je, dass sie allesamt Lügner sind. Na ja, nicht ganz – aber ihre Welt ist eine andere. Weißt du, mein Freund, ich habe neuerdings sehr viel Zeit, ungestört meinen Gedanken nachzuhängen, und mir wird immer deutlicher, dass die Welt ein einziges Chaos ist. Wie das kommt? Ich habe festgestellt, dass es nicht nur eine Wirklichkeit gibt. Meinst du nicht, dass einem schwindelig werden könnte ob der Tatsache, dass sich alle in ihrer eigenen Realität befinden? Manchmal stecken sie ihre Köpfe zusammen, vergleichen ihre Illusionen und sind sehr glücklich, wenn sie sich ähneln. Mehr scheinen sie vom Leben nicht zu verlangen.

Wie Pessoa so treffend beschrieb.… *Ich schleppe mich dahin zu tun, was ich nicht will, und zu erträumen, was ich nicht haben kann. Absurd, wie eine stehengebliebene, öffentliche Uhr.*

Dieser Satz ging mir nicht mehr aus dem Kopf, und als ich Scooter vor seiner Abreise ein letztes Mal traf, war mir die Schwermut wohl deutlich am Gesicht abzulesen, denn er fragte mich rundheraus: »Welche Laus ist dir denn über die Leber gelaufen?«

Ich habe ihm erzählt, was passiert ist. Ohne etwas zu

beschönigen oder zurückzuhalten. Ich hatte erwartet, dass er über mich lachen würde. Aber das hat er nicht getan. Er hat nur gesagt: »Verstehe. Das ist hart. Vor allem, meine Stimme in deinem Kopf – aber Spaß beiseite. Sieh es mal so – du kannst noch mal ganz von vorn anfangen. Ist der Ruf erst ruiniert …«

»Und wenn die Madame mich morgen zurück ins Gefängnis bringt?«

»Dann kannst du dich immer noch dem nächstbesten Pitbull vor die Füße werfen und ihn anflehen, dir die Kehle durchzubeißen.«

Scooter und seine Scherze – aber irgendwie hatte er ja Recht. Was konnte denn jetzt noch Schlimmeres passieren, als sowieso schon passiert war?

»Ich verstehe bis heute nicht, warum sie mich überhaupt aufgenommen hat, Scooter. Sie weiß nicht, mit wem sie es zu tun hat, und ich weiß nicht, mit wem ich es zu tun habe. Wir sprechen einfach nicht dieselbe Sprache. Unsere Illusionen sind nicht kompatibel.«

»Häh?!«

»Egal. Es passt einfach nicht, aus den verschiedensten Gründen.«

»Ja, und einer davon bist du. Es ist doch ganz einfach: Die Menschen nehmen uns aus sentimentalen Gründen auf. Sie mögen unsere Pelzigkeit, weil wir sie an ihre Stofftiere erinnern. Sie formulieren es etwas anders, allerdings. Sie nennen es Liebe.«

»Aha?!«, hatte ich geantwortet, aber ich war nicht im

mindesten beruhigt. Nach allem, was man über die Menschen weiß, haben sie aus »Liebe« schon Gott weiß was für Katastrophen angezettelt.

»Und weißt du was, João?«, fuhr Scooter fort, »Die Menschen vergessen schnell, besonders die schlechten Dinge. Noch ist nicht alles verloren. Noch hat sie dich nicht ins Gefängnis gebracht. Sei nett zu deiner Madame, tue Buße, und versuch wenigstens ab und zu, die Klappe zu halten, das wäre schon mal ein Anfang. Und was Ginger betrifft – mein Gott, Frauen! Du hast wohl vergessen, dass dir zwischen deinen Beinen was Entscheidendes fehlt. Wozu also die ganze Aufregung? Wir sehen uns in ein paar Wochen wieder. Ich fahre in den Urlaub.«

Alfonso, ich schluckte auch diese Kröte. Nie sollst du so tief sinken, von dem Kakao, durch den man dich zog, auch noch zu trinken. Diese Weisheit ist weder von meinem Vater, El-Rei Dom João 27. , noch von meinem Urgroßvater, Camôes III. Das sagt der alte Oliveira immer, wenn sich die Leute über ihn und sein Kugelschreibermuseum lustig machen.

Ich versuchte also tapfer ein Lächeln zustande zu bringen und sagte zu Scooter: »Urlaub. Cool. Mit deiner Familie etwa?«

»Mit meiner Familie.«

»Und wohin?«

»Nach Mallorca. Das ist in Spanien.«

»Dann pass auf dich auf, mein Freund. Nicht dass du auf die Idee kommst, gleich dazubleiben.«

»Man kann nie wissen, João. Man sieht sich.«

»Man sieht sich«, antwortete ich und spürte eine gehörige Portion Neid in mir aufsteigen. Ich sah den Glanz in Scooters Augen und wusste, dass wir uns nie wiedersehen würden. Ich wusste, dass er ein Idiot wäre, würde er die Chance, die sich ihm da bot, nicht nutzen. Und er wusste das auch. Und so, Alfonso, bin ich wieder ganz auf mich allein gestellt.

Kapitel 6

10. November

Scooter ist ein unverbesserlicher Optimist. Von wegen »Die Menschen vergessen schnell«. Wenn das so ist, ist meine Madame doch kein Mensch. Offensichtlich hat sie nichts vergessen.

Sie spricht nicht mehr mit mir. Überhaupt nicht. Gar nicht. Kein einziges Wort, und das seit Tagen. Was mich beunruhigt, sie guckt sich auch keine Hundeerzieher im Fernsehen mehr an. Sie ist wieder bei ihren Serien gelandet, und ich darf nicht mit auf die Couch. Das Bett ist für mich tabu. Sie gönnt mir nur noch einen einzigen Schlafplatz – das Körbchen im Arbeitszimmer. Auch die letzte Gewitternacht musste ich alleine dort verbringen.

Tagsüber befestigt sie meine Leine an ihrem Gürtel, und ich muss ihr überallhin folgen. Nur wenn sie will, dass ich in meiner Ecke verschwinde, macht sie mich los und zeigt mit dem Finger auf das Körbchen, und wenn ich nicht sofort mache, was sie von mir verlangt, dann packt sie mit der einen Hand mein Nackenfell und mit der anderen meinen Hintern und schiebt mich dorthin.

»Diese Methode habe ich im Fernsehen aber nicht gesehen«, hatte ich das erste Mal noch zu protestieren gewagt, aber die gnädige Frau bleibt immer stumm und setzt mich ins Körbchen, ob ich knurre oder nicht. Ich vermute, dass diese Methode von einer Frau stammt, die mich zittern lässt, seit ich sie das erste Mal gesehen und ihre Aura gespürt habe! So etwas ist mir in meinem ganzen Leben noch nicht begegnet. Nichts an ihrem sichtbaren Äußeren lässt darauf schließen, dass man es mit jemandem zu tun hat, der einen das Fürchten lehrt. Aber Alfonso – ihr Blick – mit dem könnte der alte Oliveira Nägel in die brüchigen Wände seines Museums schlagen.

Sie hat mich nur kurz angeschaut, und dann sind mir die Knie weich geworden, Alfonso, mir, dem Exkönig von Vila do Santo Chouriço. Erzähle es bitte niemandem. Selbst dir würde mulmig zumute, einfach aus dem Grund, weil in ihrem Wesen nicht der Hauch von Furcht zu spüren ist. Ich wage es sogar zu behaupten, dass selbst mein Vater, Dom João, 27. ratlos gewesen wäre. Der ihr angeborene Rudelführer-Geist ist stärker als alles, was mir bis jetzt begegnet ist.

Aber der Reihe nach: Wenige Tage nachdem ich mich von Scooter verabschiedet hatte, fuhren Madame und ich in einen Wald. Dort trafen wir auf diese Frau. Zunächst hatte ich noch gedacht, dass sie zufällig dort herumsteht und ein Schwätzchen mit der Madame beginnen möchte, was sie auch tat, aber dann wurden wir sie nicht mehr los. Sie begleitete uns auf unserem Spaziergang. Ich hielt mich fern von ihr, wie du dir vorstellen kannst, und so entging mir einiges von dem Gespräch, das geführt wurde. Irgendwie ahnte ich, dass die beiden etwas ausheckten. Aber da die Frau weder mit Regenschirmen oder Kinderrasseln auf mich zukam noch auf einem Fahrrad um mich herum fuhr, redete ich mir ein, dass dies eine einmalige Begegnung sein würde. Auch machte sie keine Anstalten, mit mir Kontakt aufzunehmen, nachdem sie einen ersten kurzen Blick auf mich geworfen hatte. Und während wir durch den Wald liefen, wurde auch weiterhin nichts von mir verlangt.

Ich war erleichtert, als wir wieder in den Wagen stiegen und davonfuhren. Ach, hätte ich doch nur versucht zu verstehen, was sie miteinander beredet haben. Denn als wir wieder zuhause waren, verstummte die gnädige Frau und legte mich an die Leine. In den ersten Tagen habe ich gedacht, dass sie vielleicht krank sein könnte – etwas mit den Stimmbändern, man hört das ja immer wieder, dass die Zweibeiner sehr anfällig sind. Aber sie telefonierte wie immer täglich mehrmals. Auch mit anderen Menschen auf der Straße konnte sie sich unterhalten. Es musste also mit mir zu tun haben. Wollte sie mich etwa bestrafen, indem sie ihr Kauderwelsch nicht mehr über mich ergoss? Zunächst dachte ich: Wie Sie meinen, Madame – ich finde es nicht schlimm, wenn ich Ihnen nicht mehr den lieben langen Tag zuhören muss. Aber dass sie mich nicht mehr einlud, auf der Couch Platz zu nehmen, um mit ihr fernzusehen, hätte mich stutzig machen sollen, Alfonso. Und das Spiel mit der Leine brachte für uns beide auch keinen Spaß.

Anfänglich fand ich es noch lustig, aber als ich mich ein paarmal beinahe erwürgt hatte, weil ich woanders hinwollte als sie, sie aber nicht hinter mir herkam, wie sie es sonst immer gemacht hatte, habe ich eingesehen, dass es besser ist, der gnädigen Frau zu folgen, anstatt mir die Gurgel zerquetschen zu lassen.

Ich habe in den darauffolgenden Tagen sämtliche Gesichtsausdrücke wieder und wieder ausprobiert, manche sogar gleichzeitig, aber es half alles nichts. Madame blieb stumm. Sie stellte mir das Essen hin, zeigte darauf, und das war es. Ich habe versucht, nichts zu essen, um sie auf den Missstand, den eine gestörte Kommunikation hervorruft, hinzuweisen, aber sie stellt dann einfach den Teller weg, und ich kriege dasselbe Zeug am Abend noch mal.

Versteh einer diese Menschen. Erst überfluten sie einen mit ihren unverständlichen Wortungetümen, aber kaum ist man in der Lage, sie ein wenig zu verstehen und die wichtigen Sachen aus ihrem Wortschwall herauszufiltern, schon halten sie den Mund. Ich empfinde diese Situation auf die Dauer bedenklich, wenn ich ehrlich sein soll.

Auch die dicke Stänkerin aus dem Hausflur hat es drangegeben, mich durch die geschlossene Tür anzukeifen. An manchen Tagen vermisse ich ihre Einlassungen regelrecht.

Ohne Ansprache komme ich mir vor, als sei ich unsichtbar. Und der Zustand des Unsichtbarseins ist nicht der, den ein Dom João lange erträgt. Heute Morgen dann ist es mir gelungen, Madame aus der Reserve zu locken. Als sie nach ihrem ersten Kaffee ins Bad stolperte, habe ich mich vor ihre Füße geworfen, auf den Rücken gerollt und ihr, wie ein Ertrinkender, eine Pfote entgegengestreckt. Diese Pose steht in keinem Lehrbuch für Möpse, das weiß ich, aber ich dachte, ich gehe mal kreativ mit dem Dilemma um – und, was soll ich sagen? Sie hat gelacht. Laut gelacht. Ich musste an Ginger denken und an das, was sie gesagt hatte – dass die Menschen es mögen, wenn man sie zum Lachen bringt. Nun, das hatte ich geschafft, aber in der nächsten Sekunde war die gnädige Frau wieder ernst und guckte mich nicht mehr an. Als sie wieder aus ihrem Badezimmer herauskam, stellte ich mich auf beide Hinterpfoten und kratzte an ihrem Knie, was zur Folge hatte, dass sie mich auf der Stelle in mein Körbchen schob. Na ja, nicht jede Nummer kann gleich gut ankommen.

12. November

Seit Tagen feile ich an einer Entschuldigung für Ginger. Es fällt mir nicht leicht, den richtigen Ton zu treffen. Wie oft im Leben muss man sich auch für sein Jagdglück entschuldigen? Na ja, ich will es auf jeden Fall versuchen. Was hältst du also davon:

Sehr verehrte Ginger,
gewähren Sie einem nichtsnutzigen Dummkopf wie mir die Gnade, ihn bis zum Ende anzuhören. Danach mögen Sie mich verdammen und in den Staub treten. Ich werde Ihr Urteil, egal wie es ausfallen mag, annehmen.

Ich stehe tief in Ihrer Schuld und kann nichts weiter vorbringen, als Ihnen zu gestehen, dass ich an dem Tag der toten Ente nicht ich selbst war. Ich weiß nicht, was über mich gekommen war. Vermutlich der Jagdteufel, der von meiner Seele Besitz ergriffen hatte, als sie so schutzlos war wie ein neugeborenes Baby. Vermutlich haben mir die Schmähungen, die ich durch Jeeves und Wooster erfahren musste, heftiger zugesetzt, als ich wahrhaben wollte. Ich wähnte mich vor meinen Trieben in Sicherheit, schien es doch so, als hätte ich sie schon vor Jahren besiegt. Ich wünsche aus tiefstem Herzen, die Dinge ungeschehen machen zu können. Ich weiß, dass das nicht möglich ist. Also appelliere ich an Ihr Herz: Bitte seien Sie einem armen Sünder gegenüber großzügig. Mein mit Worten nicht zu beschreibender Dank sei Ihnen gewiss. In der Hoffnung auf eine baldige Antwort, vor der ich gleichzeitig zittere, denn ich fürchte, Sie werden mich mit einem Wort vernichten – denn das wäre es, die endgültige Vernichtung, wüsste ich, dass Sie mich Ihrer Gnade nicht für würdig erachten, verbleibe ich, auf ewig Ihr ergebener Diener

Dom João
aus Vila do Santo Chouriço

15. November

Ich bin etwas nervös, Alfonso. Mir liegt sehr viel daran, dass Ginger mir verzeiht. Und wenn nicht …

18. November

Scooter ist, wie ich es erwartet hatte, noch nicht wieder da. Wie gerne hätte ich ihm erzählt, was ich durchmache. Er hätte mir vielleicht sagen können, ob er von dieser seltsamen Verhaltensweise der Zweibeiner schon mal gehört hat oder von dieser Frau aus dem Wald. Ich kann die anderen nicht fragen, ohne Gefahr zu laufen, mich zum Gespött des Parks zu machen. Ich habe den Eindruck, dass sogar die Enten und Frösche auf dem Teich mich auslachen.

Alfonso, ich verstehe es nicht, wie Madame es schafft, plötzlich meine gesamte Aufmerksamkeit auf sich zu lenken. Ich kann mich dem überhaupt nicht widersetzen. Seit sie nicht mehr mit mir spricht, muss ich sie beobachten, auf Schritt und Tritt. Es ist wie ein Fluch! Dabei sollte es doch andersherum sein!

19. November

Kein Lebenszeichen von Ginger …

20. November

Alfonso, ich habe es gewusst. Scooter kommt nicht zurück. Das ist die große Neuigkeit, über die sich die Hunde auf der oberen Wiese das Maul zerreißen. Allen voran natürlich Felix, der die Geschichte sekündlich ausschmückt, um ja nicht die Aufmerksamkeit aller zu verlieren. Das, was ich an seiner Schilderung für wahr halte, ist schnell erzählt: Scooter ist mit seiner Familie nach Mallorca geflogen. Kaum hatte er das Meer gesehen, war er wieder ganz er selbst. Angeblich hat seine Familie drei Tage lang am Strand auf ihn gewartet, aber er kam nicht mehr zurück. Ob ihm klar ist, dass Mallorca eine Insel ist? Und bei allem, was ich darüber weiß, ist sie voll mit Touristen. Aber er ist ja cool. Mit denen kann er umgehen. Er wird sich eine gute Zeit machen. Sosehr ich ihn auch vermisse, kann ich doch sagen: Wenigstens einer, der wieder auf eigenen Pfoten steht.

Leider kommt Scooters ehemalige Chefin jetzt auch nicht mehr in den Park. Also laufen die gnädige Frau und ich ganz allein unsere Runden. Ich vermeide es, einen Blick auf die Enten zu werfen, um Madame nicht aufzuregen, aber sie scheint über etwas nachzugrübeln und beachtet mich nicht. Manchmal wünsche ich mir, sie würde wenigstens »Pelzpest« zu mir sagen.

22. November

Alfonso, mein Freund, so unvermutet, wie der Schnee in die Berge kommt, war die Zeit des Schweigens plötzlich vorbei. Madame sagte gestern Abend die ersten Worte zu mir. »Herr Schröder«, sagte sie. »Ich habe eine Überraschung für dich.«

Kaum hatte – und ich gebe es nur ungern zu – der Optimismus von mir Besitz ergriffen, hallten ihre letzten Worte in meinen Ohren nach. Überraschung, Alfonso, eine Überraschung kann schließlich alles bedeuten: Schnee im Mai, Oliveira vergisst, seinen Kühlschrank zu verschließen, oder aber auch – ein Schuss aus dem Nichts.

23. November

Ich hasse Überraschungen. Ich hasse, hasse, hasse sie. Madame hat mich in der Obhut dieser Waldfrau einfach zurückgelassen. Ich wurde abgeliefert wie ein Paket mitsamt Körbchen und Futtersack. Die gnädige Frau sagte »Tschüss«, das ist das hiesige Wort für »Adeus«, und rumms, die Tür schlug zu, und weg war sie. Und dann stand ich da. Allein. Der Waldfrau auf Gedeih und Verderb ausgeliefert. Sie wollte meine Leine nehmen, aber ich habe sie angeknurrt. Wenig beeindruckt von meiner Drohung, klemmte sie mich einfach unter ihren Arm und trug mich hinaus. Und was soll ich dir sagen, Alfonso, im Garten erwartete mich ein Rudel, das aus den seltsamsten Gesellen bestand. Zu meiner Begrüßung hatten sie sich in einer Reihe aufgestellt, als hätten sie mich bereits erwartet. Die Frau ließ mich von der Leine, stellte sich in gebührendem Abstand an die Seite und wartete ab. An Flucht war nicht zu denken, denn der Garten war eingezäunt. Das Rudel blieb still. Keiner trat auf mich zu oder richtete das Wort an mich. Irgendwann hielt ich es nicht mehr aus und sagte: »Guten Tag. Ich bin … Schröder.«

»War sein Name nicht João?«, wurde ich sofort von einer krummbeinigen, schokoladenfarbigen Mischlingshündin unterbrochen. Ihre Beine waren kurz und schief gewachsen, ihr Rücken viel zu lang, so dass ihr Bauch beinahe auf dem Boden hing. Ich räusperte mich und begann von neuem, wurde aber sofort wieder ausgebremst. Eine struppige, hochbeinige, honigfarbene Hündin trat vor. »Lass gut sein, Peggy«, sagte sie zu dem Krummbein und wandte sich wieder mir zu. »Wir wissen, wer du bist, und heißen dich in unserem Rudel trotzdem willkommen. Vorausgesetzt, du benimmst dich.«

»Benimmst dich«, echote ein zitternder Galgo-Rüde, um dann in ein Gemurmel zu verfallen, das mich auf der Stelle an die unglückliche Fluse erinnerte: »Ich weiß nicht. Kann ich nicht sagen. Kenn ich nicht. Ooops … Entschuldigung …« Er trippelte von einem Bein auf das andere, verrenkte sich in alle Richtungen, so dass ich den Eindruck bekam, er würde sich in der nächsten Sekunde in alle Einzelteile zerlegen wollen, nur um nicht anwesend zu sein.

»Psst, Hoody, entspann dich, keiner will was von dir«, sagte die struppige Hündin in sehr sanftem Ton. Dann kamen alle auf mich zu, und einer nach dem anderen beschnupperte mein Fell.

»Dürfte ich mal fragen, wo ich hier überhaupt gelandet bin?«, wagte ich mich einzumischen. Die gesamte Truppe trat einen Schritt zurück, und einer nach dem anderen sagte seinen Namen: Hoody, der sich beinahe auf die Pfoten pinkelte vor Angst, Peggy, die noch nicht einmal ein Lächeln zustande brachte, Jaqueline, die dagegen über beide Ohren grinste und erklärte: »Also, ich bin immer aufgelegt zum Spielen, falls du also … Nur so als Angebot, versteht sich«, und unter dem strengen Blick der Struppigen verstummte. Der Senior stellte sich mir als Brezel vor, ein Podenko-Rüde mit argen Hüftproblemen und eingefallenen Wangen. Er war der Einzige, vor dem ich mich verneigte – dem Alter gebührt schließlich Respekt. Und dann stellte sich die Letzte im Bunde vor: »Und ich bin Sally. Wenn Miss Boss nicht da ist, habe ich die Oberaufsicht.« Mit Miss Boss meinte sie wohl die Waldfrau.

Alle nickten zustimmend. »Ja, wir machen, was die Miss Boss sagt. Und wenn sie nicht da ist, machen wir das, was Sally sagt. Ja, ja …«

Wie auf ein Stichwort kam aus dem hinteren Bereich des Gartens noch ein Rudelmitglied gemessenen Schrittes auf uns zu; ein gefleckter Galgo-Rüde. Er stellte sich neben Sally und sagte: »Und ich, mein Lieber, ich reite allein. Und das bleibt auch so. Lass mich also in Ruhe. Merk dir meinen Namen – ich heiße Goucho. Sprich mich nie an, wenn ich dich nicht zuerst frage. Leg dich nie auf meine Decke, und wenn du irgendein krummes Ding mit Hoody versuchst, dann kriegst du es mit mir zu tun.« Dann drehte er ab und verschwand in einer großen Hundehütte. Vermutlich die Gemeinschaftsunterkunft für das Rudel.

»Was hat der denn?«, fragte ich.

»Die Nase voll von asozialen Aufschneidern«, erklärte Peggy.

»Ho, ho, ich bin also asozial, willst du das damit sagen?« Mir sträubten sich die Nackenhaare. Aber schon spürte ich die Aura von Miss Boss in meinem Nacken und schluckte meinen Ärger herunter.

»Sonst wärst du ja nicht hier, Schröder. Oder João, oder wie auch immer du heißen willst. Name, Rasse und Herkunft sind Schall und Rauch. Hier zählt deine Bereitschaft zur Integration. Egal was du vorher gemacht hast – kapiere Regel Nummer eins: Das Rudel ist alles – der Einzelne ist nichts. Geht es dem Rudel gut, wird es auch dir gut gehen.«

»Was ist das denn hier? Ein Umerziehungslager?! Macht ihr Gehirnwäsche oder so was Ähnliches, wie in einem Gulag?« Mir war es peinlich, dass sich meine Stimme vor Erregung beinahe überschlug.

»Du kannst es nennen, wie du willst«, sagte Peggy gelangweilt. »Wir sind für die nächste Zeit deine Bewährungshelfer. Du bist hier, um von uns zu lernen, ein Hund zu sein.«

In mir bäumte sich alles auf, und ich trat einen Schritt auf Sally zu, streckte meine Brust heraus, um sie zu beeindrucken, und sagte: »Aber ich bin ein Mops! Glaubst du, ich weiß das nicht? Also doch Gehirnwäsche! Wollt ihr, dass ich vergesse, was ich bin? Da, wo ich herkomme, hatte ich ein eigenes Rudel, ich war König von …«

Alle legten die Köpfe schief. Jaqueline blähte die Wangen und war kurz vor einem Lachanfall. Goucho streckte seinen Kopf aus der Hütte und rief: »Hört, hört!« Dann verschwand er wieder. Hoody wisperte: »Oh, oh, ein König, oh, oh, wo ist mein Knochen … Oh, ein Knochen für den Mops-König …«

Sally sagte ungerührt: »Schall. Und. Rauch.«

»Vermutlich verstehe ich, was du meinst, kann aber noch keinen Sinn darin erkennen. Wie lange muss ich nun Hund spielen?«, erwiderte ich und hoffte, meine Stimme würde eiskalt klingen.

»Das liegt ganz an dir«, antwortete Sally. »Nur an dir.«

»Und wo, bitte, finde ich die Hausordnung, gnädigste Sally? Damit ich die Fettnäpfchen, die von dir oder deiner Miss Boss aufgestellt werden, weiträumig umgehen kann.«

Die anderen lachten. Einen Punkt für mich, verbuchte ich im Stillen. Aber Sally baute sich vor mir auf. Ich konnte nicht anders, als einen Schritt vor ihr zurückzuweichen. Die anderen warteten gespannt. Ein Kampf lag in der Luft. Im Bruchteil einer Sekunde entschied ich, dass es keine gute Idee wäre, es jetzt schon auf eine Rauferei ankommen zu lassen. Also sagte ich gar nichts, als sie mir die Hausordnung herunterbetete: »Wir bekommen zwei Mahlzeiten pro Tag; Geschäfte, große wie kleine, werden außerhalb des Zaunes verrichtet. Dazu haben wir dreimal täglich jeweils eine Stunde lang Gelegenheit. Wir gehen alle zusammen. Dein Platz ist am Ende des Rudels, genauso, wie du als Letzter fressen wirst. Du lässt allen anderen den Vortritt. Immer und bei allen Gelegenheiten, so lange, bis ich dir was anderes erlaube. Für gute Führung im Allgemeinen gibt es manchmal Ausflüge und Trainingseinheiten mit Miss Boss allein, aber das wird bei dir noch lange dauern. Wir schlafen alle zusammen in der großen Hütte. Ob du mit rein darfst, entscheiden wir heute Abend. Bis dahin ist dein Platz unter dem Vordach da hinten. Deine Decke liegt bereits da. Und ich warne dich: keine Extratouren, keine Anmache, versuch einfach gar nichts von dem durchzuziehen, mit dem du früher Erfolg hattest. Wir fallen nicht drauf rein. Wir haben schon alles gesehen.«

»Alles gesehen«, echote die ganze Meute und zog sich in die große Hütte zurück.

Miss Boss lehnte mit verschränkten Armen immer noch an der Tür und schien zufrieden mit ihrer Marionettenarmee. Dann ging sie ins Haus, und ich stand allein inmitten des großen Gartens. Tausend Fragen schossen mir durch den Kopf. Ich war erschöpft bis in die Knochen und legte mich flach auf den Boden. Es fing an zu regnen.

27. November

Ich weiß nicht, für wen ich es überhaupt noch erzähle. Vielleicht möchte es ja irgendjemand da draußen wissen. Meine Welt, wie sie einmal war, ist nicht mehr. Das Universum ist zusammengestürzt – El-Rei Dom Joãos Existenz hat sich in Luft aufgelöst. Hinweggewischt von den gnadenlosen Mahlzähnen der Zeit. Nichts bin ich mehr, nur noch ein Hund. Ich, der ich mich zu den weisesten Möpsen zählte, habe alles verloren, sogar das Vertrauen in meine Talente, die ich für naturgegeben gehalten hatte. Alles fort – denn wo kein Mops mehr ist – da können auch keine Mops-Qualitäten mehr sein und keine Weisheit.

Nein, ihr werdet mich nicht weinen sehen, der Tränen sind genug geflossen. Aber eine Geschichte, so man sie einmal angefangen hat, muss man zu Ende erzählen, und sei es auch nur, weil der Wind sie gerne hört.

Ich habe drei Tage lang darauf verzichtet, in der Hütte zu schlafen. Mittlerweile tanzten die ersten dicken Flocken vom Himmel. Peggy, als Kommunikationsoffizierin der Meute, kam am zweiten Abend zu mir, um mir mitzuteilen, dass ich fortan in der Hütte geduldet würde. Ich drehte ihr meinen Hintern zu. Klein beigeben? Niemals. Ja, ich trotte bei den Spaziergängen brav hinter allen her. Aber das ist auch das einzige Zugeständnis, das ich bereit bin zu machen, denn auch ich habe ab und zu eine volle Blase.

Ich trotze Wind, Hagel, Schnee und Regen und den Albernheiten, die sich Peggy und Jaqueline hinter meinem Rücken zuflüstern. Und wenn ich Goucho sehe, mache ich mich unsichtbar. Ich weiß, dass er mich provozieren will, aber ich gehe ihm aus dem Weg. Auch rühre ich das Futter nicht an – bevor ich mich wie ein Aussätziger als Letzter in die Reihe stelle, verhungere ich lieber.

Seit ich gestern erfahren habe, wie es wirklich um mich steht, fallen mir die Haare büschelweise aus. Ich lag in der Nacht auf meiner Decke und träumte davon, mit dem alten Oliveira vor seinem Kugelschreibermuseum zu sitzen. Die Luft ist sanft und warm. Ein Abend ganz nach meinem Geschmack. Oliveira knabbert an seinem Grillhähnchen, und die kleinen Knochen, die er ausspuckt, fallen direkt vor mein Maul. Er bemerkt es nicht. Denn er ist vertieft in die Musik, die aus dem Radio kommt. Er ist besonders aufmerksam, denn sie spielen einen von Dona Claras alten Hits. In meinem Traum ging der Mond auf über der Serra da Estrela. Er schien so klar und hell, dass der alte Oliveira und ich lange Schatten auf das Pflaster warfen.

In Wirklichkeit wurde mein Traum durch das Erscheinen von Brezel verdunkelt, der sich unbemerkt angeschlichen hatte. Ich hob nur müde den Kopf und brummte: »Was willst du, alter Mann?«

»Mich ein wenig zu dir setzen. Hoody spricht so laut in seinen Alpträumen, dass ich nicht schlafen kann, und die Knochen tun mir weh. Es ist viel zu kalt und feucht in letzter Zeit.«

»Dann tu, was du nicht lassen kannst. Aber hör auf zu reden. Das darfst du bestimmt nicht. Wenn Sally dich hört, verpasst sie dir eine.«

Brezel stieß ein kehliges Lachen aus. »Sally, ja. Sie ist okay. Aber weißt du, niemand macht mir hier Vorschriften. Ich bin der Älteste.«

Ich vergrub den Kopf in meinen Vorderpfoten und schwieg. Der Mond wanderte weiter. Brezel saß vor mir, unbeweglich wie eine Statue aus Marmor. Nach geraumer Zeit sagte er: »Deine Chefin ist im Urlaub. Du weißt doch, was Urlaub ist?«

Ich drehte meinen Kopf weg und dachte: Sie ist da, wo der Pfeffer wächst. Sie kommt sowieso nicht wieder. Versucht der Alte etwa, mich zu trösten? Als meine Mutter verschwand, hieß es auch erst: Sie ist bei Freunden; sie ist für ein paar Tage verreist; sie kommt bald wieder …

Die Schneeflocken fielen dichter, und ein eiskalter Wind kam auf. Vielleicht würde er jetzt endlich seine kalten Knochen wieder in die Gemeinschaftshütte tragen. Besser für seine Gesundheit wäre es allemal.

»Na gut, ich wollte dir das nur sagen, damit du nicht im Unklaren bist. Deine Chefin war so weise, dir eine Auszeit bei uns zu ermöglichen. Zur Selbstfindung. Und wir sind bereit, dir dabei zu helfen, mit deinem neuen Leben besser klarzukommen.«

»Ach, Brezel, ich weiß, du meinst es nur gut, aber hör auf, mir Märchen zu erzählen. Ich weiß genau, wie der Hase läuft. Ihr habt gesagt, ihr hättet schon alles gesehen – aber ich, ich habe auch vieles gesehen. Kennst du das Wort ›Desillusion‹? Ja? Und jetzt lass mich bitte in Ruhe.« Ich rollte mich zusammen und hoffte, Brezel würde endlich gehen.

»Hm. Also: Das ist genau der Punkt, João, so einfach ist das nicht. Ich bin mir sicher, das weißt du auch. Und jetzt möchte ich wissen, ob es wahr ist, was man über dich erzählt«, murmelte er.

»Wie bitte?« Ich war plötzlich hellwach. »Über mich erzählt? Wer denn? Und was, bitte schön?«

»Keine guten Dinge.«

»Ach, du meinst die Sache mit der Ente? Das ist schon so lange her. Ich habe meinen Fehler eingesehen, aber ich kann ihn nicht wiedergutmachen. Meine Madame hackt vermutlich darauf herum, weil sie einen Grund gesucht hat, mich aus dem Haus zu werfen.«

»Die Sache mit der Ente? Nein, João. Das sind doch Peanuts. Darüber spricht hier keiner, außer dass es wirklich eine Schande ist, dass du sie nicht fressen durftest.«

Brezel legte sich in voller Länge vor meine Decke und seufzte. Seine Augen leuchteten für einen Moment auf, als erinnerte er sich an lange zurückliegendes Jagdglück. Um ihn loszuwerden, hätte ich mit einem großen Satz über ihn springen müssen. Aber auf der anderen Seite des Gartens sah ich Goucho stehen, der Brezel und mich beobachtete. Also blieb ich, wo ich war, und gab meiner Verwunderung Ausdruck: »Ja, worüber denn dann? Hier kennt mich doch keiner. Worüber sollen sie also reden, außer über Gerüchte, die meine Exmadame über mich in die Welt setzt?«

»Aha«, grummelte er und hob den Kopf, als wolle er einem bestimmten Stern am Himmel besondere Aufmerksamkeit schenken. »Du fragst dich also nicht, woher Peggy deinen Namen wusste.«

»Jetzt sag schon«, forderte ich ihn auf. Immerhin hatte Brezel es geschafft, dass ich ihm nun doch zuhörte. Er drehte seinen Kopf, blinzelte und sagte: »Es gibt einen Portugiesen hier, der ab und zu ein paar Tage als Gast bei uns verbringt. Sein Name ist Lopo. Kein wirklich angenehmer Geselle, zugegeben, aber richtigen Ärger hat er noch nie gemacht, also wird er geduldet, weil Miss Boss das so will.«

In meinem Kopf ratterte es. Lopo, Lopo … »Groß? Schlank? Mit kohlefarbenen Streifen in seinem räudigen Fell? Es fehlt ihm ein Stück von seinem linken Ohr und seine Rute hat einen Knick?«

»Ja«, sagte Brezel. »Genau so sieht er aus.«

Und dann fiel es mir wie Schuppen von den Augen – Lopo. Er meinte Alfonsos Cousin. Lopo, der Unausstehliche, den ich vor zwei Jahren aus dem Rudel gebissen hatte, weil er es gewagt hatte, Assunta zu belästigen. Mir standen die Nackenhaare zu Berge. »Lopo ist hier? Hier, in diesem Land?!«, knurrte ich.

»Du kennst ihn also?«

»Und ob ich ihn kenne! Was also sagt der Mistkerl über mich?«

Brezel unterdrückte ein Lachen. »Irgendwie hatte ich mir das gedacht. Er hat erzählt, du hättest dein Rudel an die Cães aus der Estrela verraten.«

Ich hatte das Gefühl, mein Kopf würde vor Zorn auf die Größe eines Kürbisses anschwellen. »Und warum sollte ich das getan haben? Hat er das auch gesagt?«

» Ja, das hat er. Der Ort, wie heißt er noch?«

»Vila do Santo Chouriço«, half ich ihm auf die Sprünge. Als ich den Namen meiner Heimatstadt aussprach, spürte ich eine Enge in meinem Hals, als schnürte mir das Heimweh die Luft ab.

»Ja, genau. Also, die Leute dort hatten schon lange die Nase voll von dir und deiner Meute. Die Luft wurde für dich immer dünner in Vila do Santo Chouriço. Die Menschen hatten deine Diebereien satt und haben die Jäger gebeten, deinem Treiben ein Ende zu machen. Du, nur darauf bedacht, deine eigene Haut zu retten, hast dich daraufhin bereit erklärt, dein Rudel auszuliefern. Im Gegenzug hätten die Cães versprochen, dich zu verschonen und dir die Gelegenheit gegeben, das Land zu verlassen. Was dir ja offensichtlich gelungen ist. Ich wurde lediglich stutzig, als ich sah, in welcher Verfassung du dich befindest. Gehe ich recht in der Annahme, dass du dein Auge bei dem Überfall der Cães und ihrer Jäger verloren hast?«

»Allerdings. Allerdings! Die haben auf mich geschossen! Ich bin in einem Gefängnis gelandet, Alter. Ich wurde verstümmelt. Das Einzige, was wahr ist an der Geschichte: Ich habe das Land verlassen – aber nicht freiwillig! Sondern als Sklave, an einem Strick hängend.«

»Was redest du denn da? Gefängnis? Das sind Tierheime, Auffangstationen. Da sind Menschen, die es gut mit uns meinen. Lopo hat gesagt, dass es deine Idee war, dich in ihre Obhut zu begeben, um Asyl zu beantragen. Wusstest du das nicht?«

»Willst du damit sagen, ich hatte es mit guten Menschen zu tun, die sich um mein Wohlergehen gesorgt haben? Wenn es so gewesen wäre, hätten sie mich auf der Stelle gehen lassen, anstatt mir die Eier abzuschneiden, mich in eine Kiste zu stecken und zu deportieren wie einen Kriminellen! Wenn das Wohltaten sein sollen, weiß ich nicht, welche Gräuel zu erwarten sind, wenn sie erstmal schlechte Laune haben.«

»Ich sehe schon, du weißt dein Glück nicht zu schätzen. Hör mir gut zu: Die Menschen wissen es nicht besser und tun, was sie können. Ohne ihre Hilfe wärst du elendig zugrunde gegangen. Du warst offensichtlich schwer verletzt. Du weißt selber, dass in deiner Heimat niemand auch nur ein gutes Wort für einen Streuner hat. Hier sind die Menschen anders. Aber auch das Leben ist anders. Und ohne Leine bist du in der Großstadt verloren, wenn du dich nicht auskennst. So viele Autos. Du musst das mal von der praktischen Seite sehen. Hast du jemals zuvor so viele Autos gesehen?«

»Nein.«

»Na, also. Die Menschen wissen, wie man damit umgeht, was sie einen Straßenverkehr nennen.«

»Aha.« Mir kam es so vor, als sei es ein ähnliches Märchen wie das von den Hühnerknochen, das Fluse erzählt hatte. Aber ich sagte nichts und ließ den Alten weiterreden.

»Ich war in einer Tötungsstation, weil ich für die Hunderennen nicht mehr schnell genug war. Diese Leute haben mich befreit. Und ich bin sehr froh, dass sie das getan haben. Hier bin ich endlich in Sicherheit. Niemand schlägt mich oder tritt nach mir. Ich habe Freunde und werde beschützt. Miss Boss kümmert sich um alles.«

»Komm mir jetzt nicht noch damit, dass du Dankbarkeit empfindest für das, was die Menschen tun.«

»Dankbarkeit ist ein menschliches Wort. Es sagt mir nichts. Ich weiß nur, dass ich mich besser fühle als vorher. Die Bilder von meinem Vorher verfolgen mich bis heute: Da lag ich angekettet in meinem eigenen Kot, hatte Schmerzen vor Hunger und Durst und konnte mich nicht mehr auf den Beinen halten. Warum sollte ich an dem jetzigen Zustand also etwas ändern wollen?«

»Weil … Weil …«

»Sprich es ruhig aus, João – weil wir Hunde sind. Wir beide sind Hunde. Daran ist nichts verkehrt.«

»Aber ich bin doch ein …«, fing ich den Satz an, konnte ihn aber nicht zu Ende sprechen. Brezel hatte Recht. Mein Mops-Sein hatte ich verwirkt, indem ich den heiligen Eid brach, indem ich gegen alle Regeln des Mops-Codes verstoßen hatte. Nicht die Nase machte den Mops, hatte Tante Eulalia gesagt, sondern die Qualität seines Charakters. Für meinen Charakter würde, nach allem, was ich getan hatte, auf dieser Welt niemand mehr auch nur einen Pfifferling geben. Und auch für die Dinge, die ich nicht getan hatte, gab es keine Entschuldigung. Hatte ich meinen Menschen froh gemacht? Nein. Das hatte ich nicht. Ich hatte versucht, meinen Menschen in den Griff zu kriegen, indem ich so tat, als verhielte ich mich wie ein Mops. Aber nicht, weil ich meiner Bestimmung folgte. Ich hatte aus egoistischen Motiven gehandelt – und am Ende des Tages musste ich einsehen, dass ich den guten Ruf unserer Gilde beschmutzt hatte.

»João, João, du musst noch viel lernen. Du hast geglaubt, du seiest den Menschen haushoch überlegen?«

»Ja«, krächzte ich. »Ja, das hatte ich.«

»Und es stimmt. Du hast Recht. Aber weil wir den Menschen überlegen sind, haben wir sie dazu gebracht, sich um uns zu kümmern. Und glaube mir, in diesem Land klappt das besonders gut. Sie kaufen uns Futter, sie bilden Ärzte für uns aus, bauen Kliniken und fördern uns, wo sie können. Wenn du spezielle Talente hast, kannst du hier richtig was werden.«

»Pah! Ein Model für Hundeshampoo mit himbeerfarben getönten Ohren! Hab ich alles im Fernsehen gesehen. Komm mir nicht mit diesen halbseidenen Erfolgsgeschichten.«

»Das sind Ausnahmen. Und selbst wenn du keine Talente hast, die Menschen lieben dich trotzdem. Sie mögen pelzige, weiche Ohren? – Wir haben sie. Sie mögen unsere Augen? – Gönnen wir ihnen doch ab und zu einen seelenvollen Blick. Sie lieben es, Bälle zu werfen? – Ja, warum denn nicht? Wir bringen sie ihnen zurück, so oft sie wollen. Versteh doch: Wir lassen sie uns lieben. Darin besteht die ganze Kunst, ein erfolgreicher Hund zu sein.«

»Das ist doch Geschwafel, Brezel, Schönfärberei. Ihr seid alle blind für die Tatsache, welch hohen Preis ihr für euren Aberglauben bezahlt.«

»Du bist doch nur sauer, weil du hier nicht mehr den kleinen Mops-König spielen darfst. Du willst nicht mit den Menschen, und du kannst nicht mehr mit Deinesgleichen, weil du denkst, du wärest an jeder Stelle was Besseres. Kein Wunder, dass du ständig glaubst, in schlechter Gesellschaft zu sein. Wer darf dir denn das Wasser reichen?! Doch offensichtlich niemand. Wer ist denn jetzt bitteschön blind?«

»Ich will nach Hause. Ob blind oder nicht. Ich will nach Hause. Kann das denn hier keiner verstehen? Ob tot oder lebendig, ich will zurück nach Vila do Santo Chouriço!«, schluchzte ich plötzlich.

»Du weckst alle auf. Beruhige dich also, João, beruhige dich.«

»Wie könnte ich?! Mittlerweile ist es mir ja schon egal, ob ich ein Mops oder ein Hund bin. Aber: Ich habe niemanden verraten! Niemals! Wir hatten einen Tipp bekommen: Volle Mülltonnen an unserem Lieblingsrestaurant. Und da ist es passiert. Sie haben auf uns geschossen, kaum, dass wir dort angekommen waren. Der Tipp war also eine Falle. Sag, dass es eine Falle war! Jemand hat uns verraten.«

Brezel senkte seinen großen Kopf und murmelte: »So muss es wohl gewesen sein.«

»Aber ich habe niemanden hintergangen. Guck dir mein Auge an. Es ist weg. Meine Männlichkeit – weg! Wenn ich irgendetwas in dieser Art vorgehabt hätte, Brezel, dann sei dir versichert, dass ich es geplant hätte wie ein Generalissimo, und zwar so, dass ich als Sieger aus der Sache hervorgegangen wäre. Glaubst du, ich lasse mich freiwillig erschießen und kastrieren?«

»Vermutlich nicht.«

»Und was glaubst du, Alter – verlässt ein echter König sein Rudel? Nein. In Vila do Santo Chouriço hatte ich eine Heimat und einen guten Namen! Meinen Namen! Eine Familie. In Vila do Santo Chouriço bin ich geboren, und ich wäre gerne auch dort gestorben. Und bis es so weit gewesen wäre, hätte ich einen Erben gezeugt, einen echten João, einen Mops mit Nase! Einen harten, ausdauernden Kampfmops! Verlass dich drauf! Mit den Cães, den Jägern und den Menschen werden wir Joãos seit Generationen sehr gut alleine fertig. Ich musste mich nicht davonstehlen. Und sei ehrlich, hättest du das alles hinter dir gelassen für ein vages Versprechen? Für den geistigen Furz eines Cão?«

»Vermutlich nicht.«

»Und überhaupt ist es das Allerletzte zu behaupten, ich würde gemeinsame Sache mit den Cães machen. Sie sind unsere Feinde, genauso wie die Jäger! Und bis heute weiß ich nicht, was mit meinen Freunden passiert ist. Bis heute zermürbe ich mir den Kopf… und sterbe täglich tausend Tode vor Sorge. Ich weiß nicht, ob meine Freunde noch leben oder tot sind. Ich hoffe und hoffe… Da tut es mir leid, dass ich für die Bedürfnisse eines Menschen, der es auf meine samtweichen Ohren abgesehen hatte, nicht so recht eingehen konnte!«

Brezel stieß einen langen Seufzer aus. Dann sagte er: »João, hör mir zu. Es tut mir leid. Assunta ist tot. Die Jäger haben sie auf der Stelle erwischt. Lopo hat gesagt, sie sei noch nicht einmal bis zur nächsten Straßenecke gekommen. Wie er uns erklärte, war sie taub und hat die Schüsse gar nicht gehört.«

»Und Alfonso? Was ist mit Alfonso?«

»Lopo wusste zu berichten, dass er schwer verletzt wurde, aber mit zertrümmerten Hinterläufen doch noch fliehen konnte. Später, als Lopo selbst eingefangen worden war, von den Leuten, die auch dich aufgenommen hatten, sah er Alfonso in einem Käfig liegen. Er hatte nur noch drei Beine. Er fieberte und war nicht ganz bei sich. Er rief nach dir, aber aus Respekt vor einem Todgeweihten hat Lopo ihm nichts von deinem Verrat gesagt… dass sie dir einen neuen Namen verpasst hatten, ganz wie du es geplant hattest, und dass du dann aus dem Land geschafft worden bist – ein Leben in Saus und Braus vor dir. Und jetzt, João, stehst du auf einmal vor unserer Tür. Was glaubst du, sollen die anderen denken?«

In meinem Kopf drehte sich alles. »Assunta tot, Alfonso in Agonie … und ich in Saus und Braus?! Ha! Wo ist er? Wo ist Lopo? Ich werde diesen Verräter auf der Stelle töten. Ich werde ihm alle Glieder einzeln ausreißen. Er hat die Cães herbeigerufen.

Nachdem ich ihn vor zwei Jahren aus dem Rudel geworfen habe, hat ihn kein anderer Clan mehr aufgenommen. Er ist bis nach Teixoso gelaufen, aber auch dort wussten alle, was für ein mieser Charakter er ist. Und in seiner Not hat er in speichelleckerischer Art und Weise das Vertrauen der Cães und der Jäger gewonnen und uns verraten. So muss es gewesen sein. Denn wer ist denn wohlbehalten, ohne eine Schramme, hier angekommen? Wer? Und jetzt will er sich bei euch lieb Kind machen, indem er Märchen erzählt. Was hat er denn dazu gesagt, warum er überhaupt Zeuge des Ereignisses geworden ist?«

»Er hat gesagt, er wäre Vizekanzler in deinem Rudel gewesen und du hättest ihn genauso ans Messer geliefert wie die anderen. Er hatte keine Ahnung. Sein einziges Glück sei gewesen, dass er ein wenig zu spät gekommen sei, weil er bei irgendeinem Typ unter der Bank gelegen habe und die Zeit verschlief.«

»Das klingt ganz nach Lopos Intrigen. Und offensichtlich hat er geglaubt, wir würden uns nie wiedersehen. Du musst mir glauben, Brezel, Lopo ist ein Lügner und Verräter.«

»Es ist zu vermuten«, sagte Brezel und schob seine lange Nase zwischen seine Pfoten. »Weine nicht, João. Deine Assunta ist zum Regenbogen gegangen. Und Alfonso, dein Freund …? Wer weiß? Erzähl mir von ihm. Vielleicht verschafft es deinem Herzen ein wenig Erleichterung.«

Ja, Alfonso, in jener Nacht habe ich dem Alten von dir erzählt, von deinem großen Kopf, einem kleinen Weinfass gleich, der auf einem riesenhaften Leib und so starken Pfoten thront und einen Hals krönt, der so dick wie ein Baumstamm ist, dass dich der stärkste Wind nicht umwerfen kann. Noch nicht einmal die mutigsten Cães haben es je gewagt, sich im offenen Kampf mit dir zu messen. Und die Menschen sind vor deiner Erscheinung davongerannt. Ich weiß, Alfonso, in deinem großen Kopf befindet sich nicht viel mehr als in der Suppenschüssel von Dona Clara, aber dein Herz, Alfonso, dein Herz ist größer als der Torre. Ach, was sage ich? Größer als alle Berge der Serra da Estrela und weicher als der Reis, den der alte Oliveira mümmelt. Der Mut, der in deinem Herzen wohnt, reicht für drei. Mein Vater, Alfonso, mein Vater hat immer gesagt, »Pass auf Alfonso auf. Es gibt keinen Besseren.«

Ach, mein Freund, hat dieses gesegnete Herz wirklich aufgehört zu schlagen? Ich zittere vor dem Gedanken, mein Vater könnte im Jenseits erfahren, dass ich dich nicht vor dem großen Unglück habe bewahren können. Ich bin auch dieser Aufgabe nicht gerecht geworden.

Werde ich nun nie wieder deine tiefe Stimme hören, nie wieder im Schatten deines mächtigen Leibes dösen? Alfonso, du bist so viel mehr als ein Hund. Du bist mein Freund. Und sollte auch ich alsbald den dunklen Gang betreten müssen, dann wirst du der Erste sein, dem ich begegnen will. Wirst du am Ende des Regenbogens auf mich warten? Auf mich, El-Rei Dom João, der voller Scham vor dir auf die Knie fallen und unter Tränen um Verzeihung bitten wird. Versprich es, Alfonso, versprich es. Denn das ist mir der einzige Trost.

Als ich unter großen Seufzern geendet hatte, war es der Alte, der Tränen in den Augen hatte. Seit dieser Nacht fallen mir die Haare aus. Ich fresse nicht mehr, ich kümmere mich um nichts. Ich warte ab, bis der Tod mich holt und wir uns endlich wiedersehen. Zuvor aber wünsche ich mir nur noch eines: Lopo. Ich will ihm die Kehle zerfetzen und mich dann frohgemut auf den Weg zu dir machen, ohne zu zagen, ohne zu zweifeln, ohne einmal zurückzublicken.

Die Tage vergehen, und ich hoffe, dass er auftaucht. Wann immer ich ein Geräusch höre, hebe ich den Kopf, bin gespannt bis in die letzte Faser meines abgemagerten Körpers, um ihm sofort an den Hals zu fahren. Aber bis jetzt hoffte ich vergeblich.

30. November

Die Stunden, die nutzlos vergehen, lasten wie Blei auf mir. Meine Brust ist bereits kahl, so kahl wie der Kopf des alten Oliveira. Es wurde sogar schon ein Arzt geholt, aber er stellte nichts fest. Wie auch? In diesem Land kennen sie die Macht der Saudade nicht. Sie können mir so viele Spritzen geben, wie sie wollen. Aber für ein wehes Herz gibt es keine Medizin.

Seit meinem Gespräch mit dem Ältesten sind die anderen nett zu mir. Jaqueline bringt mir täglich ihre schönsten Spielzeuge, und sogar Goucho bot mir an, neben ihm in der Gruppe zu gehen. Aber es ist zu spät. El-Rei Dom João existiert nicht mehr. Verraten von einem ehemaligen Rudelmitglied. Die Heimat fern und unerreichbar, die Freunde tot, erwarte ich nichts mehr. Ab und zu erscheint Madame in meinen Träumen. Wenn ich an unsere gemeinsame Zeit zurückdenke, dann kann ich doch sagen, dass nicht alles an dem Zusammenleben mit ihr schlecht gewesen ist. Wir haben zusammengearbeitet, und wir hatten Applaus. Das ist doch schon was. Und sie hat mir schließlich auch ein Geschirr gekauft, damals in diesem Hundeparadies. Es war weich gepolstert, und unter den Läufen kniff und kratzte es nicht wie das andere, das sie mir im Gefängnis angelegt hatten. Sie stellte mir ab und zu ein Sofa zur Verfügung, und wann immer mir danach war, kraulte sie mir den Bauch. Auch wenn sie nicht perfekt war und den Gang der Könige noch nicht einmal imitieren konnte, ist sie jede Nacht mehrmals aufgestanden, als mich die Unpässlichkeit erwischt hatte. Und wie sie gerannt ist, als ich mich mit Armani geprügelt hatte …

Warum hat sie das getan? Vielleicht war Scooters Eindruck von ihr doch nicht falsch gewesen. Und vielleicht hat auch der alte Brezel Recht: Es gibt gute Menschen hier. Und vielleicht hat sie mich sogar ein bisschen gemocht und konnte es nur nicht richtig zeigen, außer auf ihre doch so unzulängliche menschliche Art. Sie hätte sich wenigstens ordentlich von mir verabschieden können. Aber sie ist fort und wird nicht wiederkommen. Du, Alfonso, würdest sicherlich sagen: »João, du hattest deine Chance.«

Und ich müsste dir antworten: »Ja, mein Freund, nach allem, was ich jetzt weiß, ja, die hatte ich. Aber ich war zu dumm, um sie zu nutzen. Ich hab's von vorne bis hinten vermasselt. Meinst du, mein Freund, der Stolz hat mich am Ende des Tages in die Knie gezwungen? Ist er mir in all den Jahren, die ich in Vila do Santo Chouriço geherrscht habe, ins Gemüt geschlichen und allmählich zur zweiten Natur geworden? Hat er mich blind werden lassen und mich in die Irre geführt?«

Du darfst ruhig nicken, mein Freund, es ist sowieso zu spät, um wegen verschütteter Milch zu weinen. Nicht wahr?

Wir sind wie Schiffe, die in der Nacht vorüberziehen, hat Pessoa gesagt. Nun, ich hatte aus Unwissenheit ein paar Kollisionen, und jetzt sinkt mein leckgeschlagener Kahn unaufhaltsam auf den Meeresgrund. Wen interessiert das schon? Da wird im nächsten Augenblick vom Schicksal eine Seite umgeschlagen und einfach ein neues Kapitel begonnen, bevor wir überhaupt verstanden hatten, dass wir existierten.

Mein Vater, El-Rei Dom João 27, würde bittere Tränen weinen, sähe er seinen Sohn auf diese Weise abtreten. Ein solches Ende hätte er, der stolze Mops-König von Vila do Santo Chouriço, wohl nie für möglich gehalten.

Ja, Alfonso, jetzt geht sie unter, meine Welt – wer ist es nun, der eines Mopses Pfote hält?

Kapitel 7

…

Ich fiebere. Es kann nicht mehr lange dauern …

…

Die Schneeflocken fallen dichter … Die Geräusche sind dumpf, und mein Auge nimmt nur noch verschwommen wahr, dass sich irgendwo eine Welt befindet. Ich weiß nicht mehr, welcher Tag heute ist. Bedeutungslos ist alle Zeit. Allein die Tatsache, dass ich meinen Haaren beim Ausfallen zusehen kann und ein gewisses Bedauern darüber empfinde, nackt vor meinen Schöpfer treten zu müssen, zeigt mir, dass noch Leben in mir ist. Wie ist es im Himmel, Alfonso? Kann Assunta wieder hören?

…

… verloren in der Erstarrung einer verfehlten Pflanze, nurmehr Moos, das auf der Oberfläche des Lebens wächst …

Ich habe von Ginger geträumt. Ich hoffe immer noch, dass sie mir verzeihen kann.

…

Das Leiden, an dem ich leide, ist namenlos und deswegen noch weit grausamer als alles, wofür man Worte hat. Es ist nicht spitz und auch nicht stumpf. Nicht hell und auch nicht dunkel. Es ist das allumfassende Leiden, das Leiden am Leid, das mich zu Boden drückt, mir den Willen raubt und das letzte Molekül von Freude aus dem Körper presst. Es ist von solcher Macht, dass es mir gar die Zuversicht auf baldige Erlösung raubt. In diesem Zustand ist mir das Leben endlos zuwider. Wie hätte ich auch nur ahnen können, dass das Wissen darum, wie die Dinge wirklich sind, einer schweren Krankheit gleichkommt, mit der man nicht leben, aber auch nicht sterben kann.

…

Alfonso, mein Freund. Endlich ist es so weit. Der Himmel lässt Gnade walten. Ja, ich werde emporgehoben. In rasender Fahrt trete ich meine letzte Reise an. Wie wunderlich – ich kann die großen Vögel hören, sie lassen ihr dröhnendes Geschrei hören, bevor sie auf die Erde niedergehen. Ich kann sie hören, die Himmelsboten, die die verlorenen Seelen unter ihre Schwingen nehmen. Oder sind es die Aasgeier, die nach den letzten zerlumpten Überresten meiner Materie gieren, die zurückzulassen ich gezwungen sein werde?

…

Da ist ein grelles Licht, das aus dem Dunkeln auftaucht. Es funkelt und strahlt, einladend und doch so gleißend, dass man die Augen wieder schließen muss. Große Tore öffnen sich lautlos, schwebend, ohne Hast. Bist auch du hindurchgeschritten bei deinem letzten Gang? Warum ist es plötzlich so laut, Alfonso? Woher kommen all die Geräusche – das Murmeln, mal mehr oder weniger stark anschwellend, wie ein zorniger Bach, der sich nach einem starken Regen durch ein zu enges Rohr presst. Musik setzt ein. Sie scheint aus dem Nichts zu kommen; aus dem Äther entwichen, schwebt sie im Raum. Ich höre Glockengeläut. Mit letzter Kraft und allem Mut, den ich noch finden kann, öffne ich mein Auge, weil mir dein tapferes Herz zum Vorbild ist. Ich will alles furchtlos anschauen und aufnehmen, was die letzte Sekunde für mich bereit hält. Tausend Lichter blenden mich. Geschmückte Bäume sehe ich, riesengroß, behängt mit goldenen und kirschfarbenen Kugeln. Sie stehen alle paar Meter bereit – muss man sich entleeren, bevor man in die Ewigkeit eingeht? Ich fürchte, ich phantasiere. Denn da ist wieder Musik, heiter und getragen, eine Stimme engelsgleich … Ein Mann in einem blutfarbenen Anzug mit Kapuze schwebt an mir vorbei. Er zupft an seinem langen Bart. Er trägt schwer an einem dicken Rucksack, und er schwitzt. Die Menschen weichen vor seinem »Ho, Ho«, das er beständig ruft, zurück. Noch mehr Türen öffnen sich. Menschen laufen herum. Suchen sie die armen Seelen ihrer Freunde wiederzufinden? Hoffen auch sie, dass sie erwartet werden? Alfonso, hast du Fernando Pessoa getroffen? Wer, wenn nicht er, sollte im Himmel bei dir sein.

Was sagst du, Alfonso?

Ich schüttele ungläubig den Kopf, denn ich kann es kaum fassen, dass ich deine Stimme hörte. Warum ist Miss Boss bei mir und hält mich in ihren Armen? Wir stehen vor dem größten Portal von allen. Weiß sie, Alfonso, dass du kommen wirst, um mich abzuholen? Sie muss es wissen. Sie begleitet mich bis hierher. Sie ist es, die meine Pfote hält, bis der letzte Atemzug getan ist. Und noch jemand ist da. Der alte Brezel. Geduldig hockt er neben uns, seinen Blick gespannt auf das große Tor gerichtet. Auch er scheint keine Angst vor dem zu haben, was uns jetzt erwartet. Er runzelt die Stirn. Eine körperlose Stimme unterbricht die Musik – jetzt werden wir zu unserer letzten Reise aufgerufen.

Das Tor öffnet sich. Ich blinzele. Madame … überschreitet die Grenze, die die Toten von den Lebenden trennt. Wie kann denn das sein? Sie schiebt eine Karre vor sich her, auf der eine riesige Kiste steht. Bist du da drin, Alfonso? Ist das dein Gemurmel, das ich höre? Ich winde mich aus den Armen, die mich endlich freigeben, rutsche auf dem blanken Boden aus, rappele mich wieder auf, um dir entgegenzulaufen. Alfonso, mein Freund, du bist da. Du bist es wirklich. Du hast mich gerufen.

Madame öffnet die Kiste, und dann … stehst du auf einmal vor mir in voller Größe. Du stehst auf drei Beinen und wankst wie ein Blatt im Wind hin und her. Aber du bist da. Endlich da.

»Ist er es?«, fragt Brezel und holt mich in die Gegenwart zurück.

»Ja«, rufe ich. »Er ist es. Alfonso, mein Freund. Wir gehen gemeinsam zum Regenbogen. Er ist gekommen, um mich zu holen.«

Ich sehe, wie du deinen riesigen Kopf schüttelst. Ich höre Brezel lachen. »Das siehst du falsch, João. Dies hier ist ein Flughafen, und wir sind gekommen, um Alfonso abzuholen.«

25. Dezember

Scooter, mein Freund,

Feliz Natal!

Ich bedaure es immer noch, dass du fortgegangen bist, aber jeder, der Verstand sein Eigen nennt, wird dich beglückwünschen. Du musstest tun, was ein Hund tun muss. Ich hoffe sehr, dass du auf Mallorca glücklich bist. Du hast das Meer und den Strand, und es gibt bestimmt auch jede Menge attraktiver Damen, egal ob auf zwei oder vier Pfoten. Ich bezweifele nicht, dass du dort gut zurechtkommst. Und wenn ich das noch kurz erwähnen darf, ich hatte geahnt, dass du das Weite suchen wirst, sobald dir die Gelegenheit dazu gegeben wird. Gib es zu: Ein Leben in der Sonne, so man es denn haben kann, ist allem anderen vorzuziehen. Aber nicht dass du glaubst, ich wolle mich schon wieder beklagen. Nein, nein, so erstaunt du jetzt vielleicht sein wirst – ich habe mich mit der neuen Situation arrangiert, im positiven Sinne. Wie es dazu kam, kann ich hier nicht im Einzelnen erzählen, es würde dich langweilen und ermüden. Du musst mir glauben, dass es eine coole Geschichte ist. Ich schnitt nicht immer so passabel dabei ab, so ehrlich will ich zu dir sein. Meine Madame aber, nicht zwingend mit großen Geistesgaben gesegnet, hat trotzdem alles dafür getan, dass es ein gutes Ende gab. Aus zweimal Minus wurde nicht nur Plus, sondern Drei. Und seitdem blicke ich gelassen in die Zukunft – cool, was?

Ich hatte dir ja bereits von meinem besten Freund Alfonso erzählt. Ich habe es zwar nicht geschafft, in meine Heimat zurückzukehren, aber Alfonso hat es geschafft, in dieses Land zu kommen. Wir leben jetzt beide bei meiner Madame. Wenn der alte Oliveira nicht gewesen wäre, der nach der Schießerei die verrückten Deutschen geholt hat, die sich neuerdings um die Hunde in Vila do Santo Chouriço kümmern, wäre es dazu nie gekommen. Da die gnädige Frau diesen Leuten, die auch mich beherbergt hatten, schrieb, welche Fortschritte ich mache, erfuhr sie, dass es noch einen Hund gab, der überlebt hatte. Und sie hat sich bereit erklärt, ihn zu holen. Ich weiß ehrlich gesagt nicht, wie sie auf diese Idee gekommen ist – sie hatte doch schon genug Probleme mit mir. Madame weiß natürlich nicht, wer Alfonso ist, aber sie hat sich gefreut, dass wir uns auf Anhieb gut verstehen. Ich finde, das reicht für ihr Gemüt. Wenn ich ihr die ganze Geschichte erzählen würde, sie könnte es sowieso nicht glauben.

Fest steht: Zu zweit haben wir sie viel besser im Griff. Alfonso, den sie Mr. Big nennt, hört ihr stundenlang zu. Das macht ihm gar nichts aus. Noch versteht er kaum ein Wort, aber er hat die Gabe, zu allem, was die Madame sagt, ein kluges Gesicht zu machen. Alles Wichtige erfährt er sowieso von mir. Ohne mich besonders hervortun zu wollen, aber die Großstadt kennt er nicht, da kann er einiges von mir lernen. Ans Essen hat er sich auch noch nicht richtig gewöhnt. Vor allem die Regelmäßigkeit der Mahlzeiten macht ihm zu schaffen. Und stell dir vor – er wusste nicht, was eine U-Bahn ist, und wäre vor Schreck beinahe umgefallen. (Er ist etwas wackelig, musst du verstehen, weil er nur noch drei Beine hat.) Wenn ich nicht gewesen wäre, hätte es ein peinliches Schauspiel auf dem Markt gegeben. Nun, ich konnte durch mein Eingreifen das Schlimmste verhindern. Im Paradies waren wir auch schon. Denk dir nur – Fluse hat uns bei der Auswahl unserer neuen Geschirre geholfen. Madame hat welche mit Dekoration gekauft. Auf meinem ist zu lesen: *König unter den Blinden,* und auf Alfonsos Geschirr steht: *Immer noch schneller als du auf zwei Beinen.* Ich weiß, dass das ironisch gemeint ist, aber ab und zu muss man bei den Menschen Milde walten lassen. Sie wissen es eben nicht besser. Alfonso hat zu seinem großen Erstaunen eine eigene Lagerstatt bekommen, die Dona Claras Ohrensessel ähnlich sieht. Die er übrigens über alles vermisst, ebenso wie den alten Oliveira. Das ist aber auch schon das Einzige, was ihn wirklich betrübt. Da sieht man mal, mit was für einem edlen Charakter er ausgestattet ist, dass ihm der Verlust eines Beines beinahe gar nichts ausmacht.

In ein paar Tagen wird Alfonso uns das erste Mal zur Arbeit begleiten. Madame ist schon ganz aufgeregt, grundlos versteht sich. Alfonso wird sich hervorragend schlagen, da habe ich keine Bedenken. Schließlich habe ich ihn auf alles hingewiesen, worauf es bei unserer Arbeit ankommt. Besonders auf die Pausen. Ich werde mit meinen Fähigkeiten dafür sorgen, dass genug für uns beide abfällt.

Wenn dir je der Sinn danach steht, wieder zurückzukommen, bist du uns herzlich willkommen. Du hattest Recht, die gnädige Frau ist nicht vollkommen, aber allemal besser als ich dachte. Alfonso schickt ebenfalls die herzlichsten Grüße, und er bedauert, dass er dich nicht kennen lernen konnte. Wie du dir vorstellen kannst, sind wir im Park die große Attraktion. Alle reißen die Augen auf, wenn wir zu dritt über die Wiese flanieren. Jeder, sogar Felix, möchte sich mit uns bekanntmachen. Aber damit müssen uns die Idioten, egal ob auf zwei oder vier Pfoten, jetzt nicht mehr kommen. Mein Rudel ist komplett.

Lass es dir gut gehen, und pass auf dich auf. Und falls du einem von uns begegnest, der Lopo heißt, dann beiß ihm einfach die Ohren ab. Du tätest uns damit einen großen Gefallen.

Mit den allerbesten Grüßen
João und Alfonso

PS: Madame bekam heute einen Brief mit einer Einladung. Sie hat ihn uns vorgelesen: *»Hallo, ihr beiden. Auch wenn sich deine vierbeinige Pelzwurst beim letzten Mal als Killermops geoutet hat, wagen wir doch noch einen Versuch. Ihr seid beide herzlich zum Frühlingsfest auf unserem Hof eingeladen …«* etc. pp.

Die gnädige Frau hat sich sehr gefreut und gesagt: »Da haben wir aber Glück gehabt. Ich bin gespannt, was sie sagen werden, wenn sie erstmal Mr. Big sehen.«

Und ich, Scooter, weiß, was ich zu tun habe, wenn ich Ginger wiedersehe. Sie wird da sein. Ich weiß es genau.

Mein Dank geht an:

Das Team des Goldmann Verlages, Lektorin Claudia Negele, Dr. Sascha Sommer für die Einblicke in Pessoas Welt und Heike Sommer für die beste Pizza in der Nach-Pessoa-Phase; M. Schönberger, Dr. Meike Fritz, Josef Surholt, Heike Kersting, Ines Kivelitz und ihrem Rudel, der Rüpelgruppe Bochum, Karin und Hans-Peter Hojan für die VIP-Betreuung des vierbeinigen Inspirateurs, dem Rüpelstammstisch Bochum, Christina Luther (Notversorgung und Wurmkur), TCHO, Moni & Dante, Tina & Finn, Frau Muggel, Andrasz T., Elke, Peykan, Uta, Marion & Amelie, Bettina Schimanski, Hagen Masanneck, Karin, Beate, Sabine & Andreas.

Und meine schrecklich nette Familie, allen voran meine Schwester Brigitte, Sarah im fernen Covilhã, die immer die richtigen Antworten auf ziemlich krause Fragen wusste.

Und zu guter Letzt: Herr Professor Dr. Schröder, Inspirateur, Lehrbeauftragter für Spaziergänge mit Idioten auf zwei Pfoten, Couchpotatoeismus, angewandte Zebulonik und Leckerlikunde; Eingeweihter des Mops-Codes, dessen Anwendung es einem Mops ermöglicht, die totale Herrschaft über einen Menschen zu erlangen.

Es war nicht immer leicht für mich, Professor Schröders Anweisungen zu folgen, aber ich hoffe, dass ich nach bestem Wissen und Gewissen aufgezeichnet habe, was er zu Papier gebracht haben wollte.

Die Zitate Fernando Pessoas
sind folgenden Büchern entnommen:

Das Buch der Unruhe, Amman Verlag, Zürich, 2003, 2008 (Seite 1, 10, 67, 68, 124, 147).

Mein Lissabon. Was der Reisende sehen sollte. Amann Verlag, Zürich 2001 (Seite 149).

Der Text auf Seite 171 ist aus dem Fado »Rapsódia Dos Tres Poetas« entnommen. Gesungen von Misia (CD-Titel: »Ruas« erschienen bei Polydor, Universal, 2009) Textübersetzung erschienen auf www.bluerhythm.de/Interview. Ulli Langenbrinck interviewt Misia.